이 책에 쏟아진 찬사

존엄한 죽음과 유의미한 삶을 구성하는 것이 무엇인지에 대한 논의를 촉발하는 책. 자살로 깊은 충격을 받은 사람들을 위한 지침뿐 아니라 자살에 대한 사회적 관점과 윤리적 함의를 추적한다.

✦ 〈윌레〉Yle

개인들의 가슴 아픈 서사를 관련 연구와 저자의 깊은 성찰을 더해 쓴 책. 담백한 산문으로 풀어낸 생존자들의 이야기는 단어 하나하나가 우리 안에 잔잔한 반향을 불러일으킨다.

✦ 〈예테보리스 포스텐〉Göteborgs-Posten

자살로 생을 마감한 한 인물의 사적인 얘기로 시작해 자살 현상에 대한 문화적·심리적 측면까지 면밀히 살핀다. 누구나 일독해 볼 가치가 있는 놀라운 책이다.

✦ 《현대 심리학》Modern Psykologi

우리 사회에 만연한 자살 문제를 해결하기 위해선 자살을 바라보는 시각부터 재평가해야 한다. 이 책이 훌륭한 출발점이 될 것이다.

✦ 〈스벤스카 다그블라뎃〉Svenska Dagbladet

우리를 웃고 울게 만드는 불합리한 힘을 가진 자살. 저자는 이 민감하고 금기시되는 주제를 열정적으로, 설득력 있게 풀어냈다.

✦ 〈레스폰스 신문〉Tidning Respons

인간이 존재하는 한 자살을 완전히 막을 수는 없다. 저자는 말한다. 자살을 없앨 수도 있다는 생각이 오히려 사랑하는 누군가를 잃은 사람에게 비난과 책임을 전가하기도 한다고.

✦ 〈다겐스 뉘헤테르〉Dagens Nyheter

《젊은 베르테르의 슬픔》, 루크레티아의 자살이 초래한 정치적 결과, 일본의 할복 문화, 자살을 선택한 돌고래 피터 등 역사적으로 죽음에 맞서는 문제에 천착한 작가와 사건들의 여정에 독자들을 초대한다.

✦ 〈아프톤블라뎃〉Aftonbladet

가슴 저미는 이야기들. 우리 모두에게 자살에 대해 비이성적인 행동이라는 꼬리표를 붙이지 말라고 촉구하는 동시에 조력사를 무조건적으로 환영해서는 안 된다고 말을 하는 듯하다.

✦ 〈예블레 다그블라드〉Gefle Dagblad

자살의 언어

ETT LIV VÄRT ATT LEVA:
Varför Självmord Blev Människans Följeslagare
by Christian Rück
First Published by Albert Bonniers Förlag, Stockholm.

자살의 언어

삶과 죽음의 사회사

크리스티안 뤼크 지음 | 김아영 옮김

북라이프

자살의 언어

1판 1쇄 인쇄 2024년 11월 12일
1판 1쇄 발행 2024년 11월 19일

지은이 | 크리스티안 뤼크
옮긴이 | 김아영
발행인 | 홍영태
발행처 | 북라이프
등 록 | 제2011-000096호(2011년 3월 24일)
주 소 | 03991 서울시 마포구 월드컵북로6길 3 이노베이스빌딩 7층
전 화 | (02)338-9449
팩 스 | (02)338-6543
대표메일 | bb@businessbooks.co.kr
홈페이지 | http://www.businessbooks.co.kr
블로그 | http://blog.naver.com/booklife1
페이스북 | thebooklife
ISBN 979-11-91013-78-8 03100

* 잘못된 책은 구입하신 서점에서 바꾸어 드립니다.
* 책값은 뒤표지에 있습니다.
* 북라이프는 (주)비즈니스북스의 임프린트입니다.
* 비즈니스북스에 대한 더 많은 정보가 필요하신 분은 홈페이지를 방문해 주시기 바랍니다.

✦
✦
✦

"참으로 진지한 철학적 문제는 하나뿐이다.
그것은 바로 자살이다."

_ 알베르 카뮈

차례

제7장

황태자의 자살과 전쟁

제8장

'자살 제로' 프로젝트

제9장

무의미하고도 유의미한 삶

제1장

열한 살, 고모가 죽었다

✦

이 책에서 나는 자살이란 무엇인지 이해하고자 시도하며,
이를 통해 삶이란 무엇인지
그리고 삶의 아름다움과 슬픔이란 무엇인지 탐구한다.
자살은 왜 존재하는 것일까?
스스로 목숨을 끊는 것은 잘못일까?
자살에는 전적으로 반대하면서도
조력사에는 찬성할 수 있는 걸까?

전화기가 울렸다. 아마 엄마가 받았던 걸로 기억한다. 이어 수화기는 아빠에게 전달됐다. 간헐적으로 들리는 웅얼거리는 목소리로 미루어 보건대 무언가 심각한 일이 벌어진 것 같았다. 리즈 고모가 취리히의 욕조에서 죽은 채 발견되었다고 했다. 42세였다. 욕조 안에 드라이기가 있었다. 감전사였다. 어른들이 어린이들에게 들려준 바에 따르면 그랬다.

그날 이후 브린네비 숲길을 따라 산책했던 기억이 난다. 더 이상 아무도 스키를 타지 않는 스키장에서 우리는 희멀건 밀리언 프로그램Miljonprogrammet(1965~1975년 스웨덴 사민당이 추진한 주택 건설 프로젝트—옮긴이) 주택을 바라봤다. 우리는 아빠가 입을 열기를 기다렸다. 아빠가 한 말은 기억나지 않지만 그날의 무거웠던 공기만은 기억난다. 당시 나는 열한 살이었다. 대체 무슨 일이 벌어진 걸까? 고모가 어떻게 죽었는지에 대한 답은 둘 중 하나였다. 더 나은 보기는 사고사이고, 더 나쁜 보기는 자살이었다. 후자는 명백히 나빴다. 왜 나쁜지 콕 짚어 말할 수는 없지만 어린 나에게도 자살은 나쁜 것이라는 사실은 분명했다.

나는 정신과 의사로서 환자 중 누가 자살을 기도할 것인지 예측하는 데 많은 시간을 쏟았다. 이는 당직의사 업무의 대부분을 차지하는 일이며, 이따금 의사들은 누군가가 자살하는 것을 막기 위해 관찰 간호에 의지하기도 한다. 나는 또한 자살이 친인척, 친구들, 보건 인력에게 어떤 영향을 미치는지도 보았다. 이는 내 조부모님에게서도 관찰할 수 있었다. 당신의 딸이 스스로 목숨을 끊었다는 사실 때문에 조부모님은 무척 힘겹게 딸을 보내 주셨다.

문화와 시대를 떠나, 역사적으로 자살은 대체로 금기시됐다. 그 가장 일반적인 이유로 목숨은 사회, 조상 또는 신이 내려준 것이므로 자신이 함부로 파괴해서는 안 된다는 것을 꼽을 수 있다. 오늘날 우리는 스스로 목숨을 끊으려는 사람을 정신적으로 아프다고 간주하며 이를 막기 위해 개인의 자유를 박탈하기도 한다. 자살이 불법이 아닌데도 말이다.

스웨덴 의회는 자살률을 0으로 만들겠다는 '자살 제로' 비전을 의결한 바 있다. 다시 말해 자살을 완전히 없애기 위해 노력하겠다는 뜻이다. 그럼에도 국민 중에는 소위 조력사를 지지하는 층도 꽤 있는 것으로 추정된다.

이 책에서 나는 자살이란 무엇인지 이해하고자 시도하며. 이를 통해 삶이란 무엇인지 그리고 삶의 아름다움과 슬픔이란 무엇인지 탐구한다. 자살은 왜 존재하는 것일까? 스스로 목숨을 끊는 것은 잘못일까? 자살에는 전적으로 반대하면서도 조력사에는 찬성할 수 있을까?

나쁜 죽음

리즈 고모는 활기찬 쥐리히 중앙역에서 엎어지면 코 닿을 거리에 있는 베켄호프스트라세 43번지의 2층 욕실에서 사망했다. 고모의 친구는 고모와 연락이 닿지 않자 테레스 고모에게 전화를 걸었다. 테레스 고모는 불안했다. 무언가 끔찍한 일이 벌어졌다는 직감 탓에 브레니 고모와 함께 리즈 고모의 집으로 갔다. 베켄호프스트라세 43번지에 도착했을 때 문이 잠겨 있었지만 욕실 창문에는 김이 서려 있었다. 그 둘은 어째서인지 걱정이 됐다.

나는 리즈 고모를 딱히 잘 알지는 못했다. 오히려 전에 나와 누이에게 위스키를 한 병 사 오라고 부탁한 적이 있어서 약간 무서웠던 인상이 있다. 나는 리즈 고모의 알코올 문제가 두려웠다.

기억은 자살이 한 사람의 삶에 드리운 긴 그림자의 영향을 받기 마련이다. 우리는 그 사람의 마지막 행동, 삶의 마지막 순간을 기억하게 된다. 좋았던 시절은 더 이상 아무런 의미가 없다.

리즈 고모는 알코올 의존증이 있었다. 상태가 좋지 않아 테레스 고모는 불안해했다. 테레스 고모는 리즈 고모의 집에 자주 들러 곁에 있어줌으로써 리즈 고모를 보호해 주고자 했다. 그것만으로도 리즈 고모의 삶은 어느 정도 안정을 유지했다. 테레스 고모는 리즈 고모의 빨래를 해주기도 했다. 그러나 이따금 담배와 위스키 냄새가 밴 세탁물을 들고 지하철을 탈 때면 부끄러운 마음이 들기도 했다.

우리 집에는 리즈 고모의 사진이 있었다. 아마 테레스 고모가 갖고 있는 사진과 같을 것이다. 당시 나는 그 사진이 조금 무서웠다. 사진 속 리즈 고모는 검은 머리카락을 짧게 잘랐으며 무척 세련된 인상을 풍겼다. 마치 별세계에서 온 사람 같았다. 고모는 마치 온갖 복잡하고 약간은 수치스러운 어른의 문제가 현현한 것 같았다. 알코올 의존, 자살, 우리가 입에 올리지 않는 파괴적인 삶. 그 사진을 볼 때면 떠오르는 게 있다. 정확히는 지금 막 두 가지를 한데 묶어 생각했다. 중학교 때 음악 선생님이던 울라-카이스 안데르손이 크리스 크리스토퍼슨Kris Kristofferson과 재니스 조플린Janis Joplin의 곡 〈나와 바비 맥기〉Me and Bobby McGee를 부르게 했던 적이 있다. 우리는 선생님만큼 열정적으로 노래하기 위해 애를 썼다. 악보와 가사 옆에는 초췌한 재니스 조플린의 사진이 있었다. 사진에는 조플린이 이 음악을 녹음한 직후에 죽었다고 적혀 있었다. 마약 과다 복용으로 인한 사망이었다. 나는 그 노래를 부르는 게 좋았던 적이 한 번도 없었다.

누군가 자살로 생을 마감할 때면 으레 그렇듯, 리즈 고모의 죽음은 예상할 수 있었던 동시에 의외였다. 고모의 삶은 늘 힘겨웠다. 고모가 했던 일은 대부분 꼬여서 엉망이 됐다. 고모의 죽음이 의외였던 이유는 고모가 이전에는 자살을 시도한 적이 없기 때문이다. 그런 얘기를 했던 적도, 해명을 남기지도 않았다. '왜'라는 의문은 유족에게 해결할 수 없는 상처가 된다. 유족들은 여전히 추측하고 있다. 고모가 무슨 생각을 했을지, 얼마나 고통스러웠을지, 자기네가 바꿀 수 있지는 않았을지를 말이다. 이러한 추측은 죄책감을 낳는다. 누군가의 영원한 부재만큼 그 사람의 존재를 또렷하게 느끼게 하는 것은 없다.

모든 걸 해주려는 이유

스위스 북부의 트림바크에서 여덟 명의 오누이가 자랐다. 트림바크는 바젤과 취리히 중간쯤에 위치한 곳이다. 이들은 가톨릭 집안에서 자랐으며, 집 바로 옆에는 15분마다 한 번씩 울리는 개신교 교회의 시계탑이 있었다.

스위스는 스웨덴과 마찬가지로 전후에 경제적으로 크게 발전한 나라다. 내 할아버지, 그러니까 리즈 고모의 아버지는 자주 "일, 일, 항상 일하는 것이 가장 중요하다."고 강조했다. 트림바크에 있는 조부모님 댁에는, 적어도 당시 기억으로는 엄청나게 커다란 벚나무가 있었다. 우리는 허리춤의 헐렁한 가죽 벨트에 등나무를 꼬아 만든 바구니를 맨 채 낡디낡은 나무 사다리를 타고 벚나무를 올라 버찌를 따곤 했다. 그러면 할아버지는 그렇게 딴 버찌를 가지고 독한 술인 키르시를 만드는 양조장에 가곤 했다. 할아버지는 대체로 제값을 받지 못했다고 실망해서 돌아오시곤 했다.

할아버지를 잘 도우면 "쓸모 있는 사람"이었다. 할아버지에게는 일을 열심히 하는 것이 성공하는 것보다 더 나았다. 할아버지는 구두 공장에서 일하며 대가족을 먹여 살렸다. 교회 시계탑의 종소리는 시간이 얼마나 흘렀는지를 가늠할 수 있게 해주는 신호였는데, 도저히 못 들은 척을 할 수 없었다. "쉬는 자는 녹슬기 마련이다."라고 하지 않는가.

리즈 고모는 대가족의 세 자매 중 첫째였다. 리즈라는 이름은 광고 회사에 취직하면서 덜 도회적인 엘리사베트라는 이름을 버리고 얻은 것이었다. 거주지도 트림바크에서 더 현대적인 취리히로 옮겼다. 광고 회사에 다니면서 음주 습관도 새로 생겼다. 고모가 다니던 회사에서는 아침에 커피를 마실 때 약간의 위스키를 더하곤 했다.

리즈 고모가 죽은 베켄호프스트라세 43번지에서 멀지 않은 곳에 사는 테레스 고모는 지금도 이따금 그곳을 지나곤 한다. 테레스 고모는 딱히 죄책감을 느끼지는 않는다. 고모는 자신이 도울 수 있는 만큼 도왔고, 그 이상 무언가를 더 해줄 수는 없었을 것이라고 생각한다.

모든 것을 다 해주고자 하는 동인의 뿌리는 한 세대만 거슬러 올라가면 찾을 수 있다. 리즈 고모와 테레스 고모의 어머니이자 내 할머니는 오누이가 일곱 명이었다. 그들은 트림바크 근처의 농촌에서 자랐다. 스웨덴에서는 산등성이라고 부를 만한 곳이지만 스위스에서 보자면 둔덕 정도에 불과한 곳이었다. 쥐라산맥의 초입이기도 하다.

할머니 남매 중 첫째 오빠는 몇 계곡 떨어진 곳에 있는 농장에서 농사를 지었다. 그는 농장 경영이 여의찮아 경제적 어려움을 겪었다. 아내가 죽은 뒤로는 홀로 동물을 키우며 딸과 살았다. 어느 날, 열 살배기 딸은 소들이 높이 소리 내 우는 걸 들었다. 아무도 젖을 짜 주지 않은 것이다. 딸은 아버지를 찾아다녔지만 결국에는 차고에서 죽어 있는 아빠를 발견하고 말았다. 그는 가스를 마시고 자살했다.

사람들은 자살이 가장 외로운 죽음이라고들 한다. 마치 한밤중의 도둑처럼 남몰래 준비한 끝에 홀로 맞이하는 죽음이라고 말이다. 그러나 소들의 울음소리가 언덕에 울려 퍼지는 농가의 차고에서 하나뿐인 부모가 죽어 있는 것을 발견한 아이에게, 그 부모의 자살은 가장 외로운 고독함이라는 방문을 열어젖힌 셈이다.

자살은 충격적인 사건이자 수치스러운 것으로 여겨진다. 테레스 고모가 왜 리즈 고모를 도왔는지, 마지막 두 달 동안 왜 매일 안부를 묻고 리즈 고모의 집에서 저녁을 먹었는지는 한 가족이 자살로 인해 짊어지게 된 죄책감과 관련이 있다. 내 할머니는 자신의 첫째 오빠가 자살한 바로 그날, 그에게 전화를 걸지 않았던 일을 두고두고 슬퍼했다. 그래서 리즈 고모에게는 항상 모든 걸 해주려고 한 것이다.

자살의 모국어는 수치심

리즈 고모의 또 다른 자매인 브레니 고모는 리즈 고모가 죽은 40년 전의 그날을 생생히 기억한다. 그러나 고모들의 기억에는 차이가 있다. 실제로 무슨 일이 벌어졌는지는 물론이고, 리즈 고모가 발견되었을 때 누가 함께 있었는지처럼 중요한 부분에서도 차이가 있다. 다들 자신만의 기억을 형성했다. 마치 나뭇가지가 자라나듯, 기억은 각자 다른 방향으로 뻗어갔다. 자살의 모국어는 수치심이다. 만약 부국어父國語라는 것이 있다면, 그건 침묵일 것이다. 서로의 기억에 그렇게나 차이가 있는 것은 벌어진 일에 대해 그다지 얘기를 나누지 않았기 때문이다. 만약 충분히 이야기를 나누었더라면 공통점이 있었을 것이다.

브레니 고모는 리즈 고모가 스스로 목숨을 끊으리라고는 예상하지 못했다. 앞서 몇 차례 리즈 고모가 술에 절어 전화도 안 받고 찾아가도 문을 열어 주지 않아 걱정한 적이 있었는데도 말이다. 그날 리즈 고모의 집에 찾아갔을 때 브레니 고모는 창문에 서린 김과 모두 켜져 있는 불을 보고 굉장히 불길한 느낌을 받았다. 집 안에 들어간 경찰은 고모들에게 밖에서 기다리라고 했다. 욕조 안에는 드라이기가 여전히 전원이 켜진 상태로 있었다. 어떻게 그럴 수 있었는지 알 수는 없지만 말이다. 그리고 욕조 가장자리에는 위스키가 든 잔이 있었다. 브레니 고모는 리즈 고모가 자살했으며, 결코 사고가 아니라고 확신했다. 그러나 고모의 부모님, 그러니까 내 조부모님은 그 사건을 결코 자살이라고 말하지 않았다.

이제 리즈 고모의 무덤은 없지만, 브레니 고모는 거기서 철제 장식품을 하나 가져왔다. 만성절(모든 성인의 날 대축일) 주말이면 불을 켠 촛대 옆에 그것을 놓고 리즈 고모와의 추억이 바래 완전히 사라지지 않도록 고모를 기리곤 한다.

목숨을 끊을 권리는 누구에게 있는가?

〈선데이, 블러디 선데이〉Sunday, Bloody Sunday, 〈빌리 진〉Billy Jean, 〈에브리 브레스 유 테이크〉Every Breath You Take. 1983년에 라디오에서 자주 흘러나오던 곡이다. 이해에 리즈 고모가 죽었다. 네나Nena(독일 출신 가수로 밴드 노이에도이체벨레Neue Deutsche Welle의 보컬리스트—옮긴이)는 99개의 풍선, 동과 서를 가른 장벽, 전쟁과 핵무기에 대한 두려움을 노래했다. 독일의 평화운동 집단은 슈투트가르트에서 노이울름 사이에 108킬로미터 길이의 인간 사슬을 조직했다. 여기에 참석한 30만 명의 인파는 서로 손을 잡고, 핵탄두를 장착한 미사일을 배치하려던 나토(NATO)의 계획에 항의했다. 러시아(구소련) 공군은 뉴욕에서 서울로 향하던 대한항공 007편을 정찰기로 오인하여 격추했다. 탑승객 269명은 동해에 추락사했다. 공기 중에 불안한 기운이 감돌고 있었다.

전후 시기의 사회 재건은 영국에서 마거릿 대처 수상이

권력을 쥐면서 새로운 시대를 맞이했다. 광산과 조선소는 문을 닫았다. 투석과 인공호흡기 그리고 한층 진보한 보건의료 덕분에 연명치료가 가능해졌다. 약학의 발전은 또한 인간이 병실에 식물인간 상태로 누워 위엄과 자율성을 잃은 채 너무 오래 살게 될 위험을 높였다.

1983년보다 약 10년 앞선 1975년 1월 15일, 취리히에 온난한 푄 바람이 불었다. 트림리 병원의 수석 의사인 우르스 페터 에멜리Urs Peter Haemmerli는 오전 6시에 아직 잠자리에 있었다. 그는 방탄조끼를 입은 경찰들이 문을 두드리는 소리에 잠에서 깼다. 에멜리는 체포되어 구속됐다. 에멜리가 체포된 배경으로는 병원 침상과 관련한 논의 중 그에 대한 권한을 가진 정치인 레굴라 페스탈로치Regula Pestalozzi에게 의식이 없고 회복할 희망이 없는 환자들에겐 영양제 수액이 아니라 소금물 수액만 주어 죽을 수 있도록 해야 한다고 말한 점이 지목되었다. 페스탈로치는 이에 강하게 반발했으며, 에멜리를 경찰에 신고했다. 에멜리가 구금되었다는 소식은 사흘 후에 대중에 알려졌으며, 병원 접수처에는 수천 통의 전화가 빗발쳤다. 대부분은 구금된 의사에 대해 지지를 표명했다.

이는 스위스 병원에 입원한 환자가 살해되었다는 뜻일까? 에멜리에 따르면 어떠한 적극적인 안락사 조치도 이루어지지 않았다. 오로지 절망적인 고통을 불필요하게 연장하는 처치를 중단했을 뿐이다. 그랬다. 에멜리는 자신들이 한 처치에 온전한 책임을 졌다. 에멜리는 자신의 부모에게도 마찬가지의 조치를 했을 것이며, 다른 사람이 자신에게도 그와 같은 조치를 해주길 바랐을 것이다.

그로부터 며칠 뒤 에멜리는 석방됐다. 매체에서 그는 엄청난 지지를 받았으며, 많은 사람은 그가 법률 남용에 당한 것이라고 보았다. 이 일을 일으킨 정치인은 몇 달 후 지역 의회 선거에서 패배했다. 심지어 후보 순위에서도 맨 마지막에 이름을 올렸다. 에멜리는 수석 의사로 복직했다.

국민의 지지는 깜짝 놀랄 의외의 사건이었다. 조력사는 소위 터부시되어 왔기 때문이다. 나치 치하의 독일이 병든 자를 살해한 일이 있고부터 채 30년도 지나지 않은 시점이었다. 히틀러 집권 시기에 독일은 '유전병이 있는 사람'Erbranke 등을 살해하는 프로그램을 추진했다. 이 일을 진행한 기관이 소재했던 티에르가르텐스트라세 4번지에서 이름을 따와 이를 소위 T-4 작전Aktion T4이라고 한다. 1940년부터 1941년까지 간질, 조현병, 마비, 치매 증상자 등 7만 명의 환자가 살해됐다. 이러한 살인은 입법과 선전 활동을 통해 체계적으로 이루어졌다. 오랫동안 병을 앓은 사람들에게는 사회의 퇴화한 기생충이라는 낙인이 찍혔다.

나치 홍보지 《새로운 민족》Neues Volk 표지에는 한 남자의 사진과 함께 "유전병이 있는 자들은 살아 있는 동안 6만 마르크의 비용이 든다. 동지들이여, 이는 당신들의 돈이기도 하다!"라는 문구가 있었다.[1]

병이 있는 자는 '우리'의 일원이 아니라 그저 비용에 불과했다. 나치 독일은 살인을 자행했으나 이를 안락사라고 불렀다. 이들은 의학적 조사를 받은 후에 '안락사'당했다. 때문에 전후 시기에 이와 비슷하게 비칠 수 있는 행위에 대해 강력한 비난과 회의론이 팽배했음은 이해할 만한 일이다.

강제된 안락사와 죽음의 대상이 직접 바라는 조력사는 분명히 다르다. 그러나 비판하는 측에서는 자유의지에 따른 조력사의 경우, 짐처럼 여겨지는 몇몇 환자가 죽는 게 모두를 위한 최선으로 여겨지는 상황이 벌어질 수 있음을 경고했다.

에멜리가 구속되고 며칠이 지난 뒤 로시에Rossier라는 교수가 일간지 〈노이에 취리어 차이퉁〉Neue Zürcher Zeitung에 기고문을 썼다.[2] 그 역시 의식이 없으며 많은 경우 마비된 환자에게 영양 공급을 중단하는 처치를 여러 번 했다고 밝혔다. 그는 이러한 환자를 가리켜 "영혼 없이 인간의 껍데기만 있으며 친인척에게는 고통이자 고문과 같은 존재"라고 했다.

로시에와 에멜리 둘 다 자신이 처한 여건 탓에 스스로 원하는 바를 표현할 수 없는 환자에 대해 언급했다. 즉, 무엇이 옳은 일인지 다른 사람들이 결정해야 하는 처지에 놓인 사람들을 가리킨 것이다. 이러한 딜레마로 인해 조력사를 찬성하는 집단에서는 사전 연명치료 의향서advanced directives를 오래전부터 지지하고 있다. 이 서류를 통해 개인은 추후 연명치료와 관련하여 자신의 의향을 밝힐 수 있다. 로시에는 기고문을 다음과 같이 종교적으로 맺었다. "내가 옳은가, 혹은 그른가? 이는 정부 당국에서 판단할 수 없는 문제다. 검사나 법원도 마찬가지다. 오로지 신만이 판단할 수 있을 것이다."

그러나 스위스 사람들은 이 문제를 신 또는 '하얀 가운의 신'에게 위탁하고자 하지 않았다. 대신 청원을 개진했다. 스위스는 직접 민주주의를 채택하고 있는 국가다. 즉, 특정수의 서명이 모이면 해당 사안을 국민 투표에 회부할 수 있다. 국민 투표는 1977년 9월에 이루어졌다. 안건은 고질적이고 고통스러우며 확실히 죽음을 맞게 될 질병을 앓고 있는 사람이 의사에게 죽여 줄 것을 요청할 수 있는지였다. 이는 두 명의 의사가 서명한 후에만 이루어져야 하며, 해당 환자가 자의적으로 판단을 내릴 수 있는 상태인지를 한 명의 정신과 의사가 감정해야 한다.

이 안건은 연명치료 처치를 하지 않는 에멜리의 조치보다 훨씬 더 나아간 것이었다. 해당 안건이 58퍼센트의 표를 얻자 충격이 널리 확산했다. 정부 당국, 언론 매체, 교회, 의사

협회 모두 충격적이라는 반응을 보였다. 이러한 현상을 죽음의 의료화, 즉 더는 죽지 못하고 고통스럽고 무의미한 고통을 연장하는 행위에 대한 저항이라고 보아야 하는 걸까?[3] 그러나 이 안건은 결과적으로 법안 개정으로 이어지지는 않았다. 다만 조력사에 대한 국민적인 지지를 보여 주는 강력한 신호를 남겼다.

리즈 고모는 그해 스위스에서 자살로 사망한 621명 중 한 명이었다. 2021년 스위스에서 '평범하게' 자살한 사람은 1,005명이었다. 인구가 200만 명 이상으로 증가했다는 점을 고려하면 유의미하게 줄어든 수준이다. 통상 조력사라고도 하는 조력 자살을 한 사람은 평범하게 자살한 사람에 비해 더 많았다.

스위스의 대표적인 안락사 기관 엑시트(EXIT)는 1982년에 설립되었으며 현재 회원 수는 15만 5,000명에 달한다. 조력사 도입과 관련해 이 기관은 가장 성공한 곳 중 하나다. 기본적인 취지는 '하얀 가운의 신', 그러니까 의사들로부터 권력을 가져오는 것이다.[4] 1985년 이래 EXIT는 조력 자살을 지원해 왔으며, 2022년에는 이 기관의 도움을 받아 1,125명이 죽음을 맞았다.

오늘날 스위스에서는 '이기적인 사유' 외 다른 사유가 있는 경우 개인이 죽도록 돕는 것이 허용되고 있다. 이는 네덜란드와 벨기에에서도 마찬가지다. 스위스에는 조력 자살을 지원하는 또 다른 기관도 있다. 해당 기관은 EXIT와는 달리 외국인에게도 서비스를 제공한다.

스위스에서 조력 자살을 이용할 경우 개인은 죽음을 준비하는 과정에서 지원을 받으며, 도움을 받는 방법에 관한 조언도 제공되나 자살은 직접 수행해야 한다. 벨기에 등 몇몇 다른 국가에서는 의사가 개인에게 치사량의 약물을 주입하도록 법으로 정하고 있다.

조력사 논의를 주도하는 기관은 전 세계 곳곳에 있으며, 스웨덴에는 '레텐 틸 엔 벨디그 되드'Rätten till en värdig död(가치 있는 죽음에 대한 권리), 프랑스에는 '르 슈와'Le Choix(선택권), 미국에는 '데스 위드 디그니티'Death with dignity(존엄사) 등이 있다. 기관의 이름에는 대체로 가치, 자기 결정, 선택이라는 의미가 담겨 있다. 평범한 자살을 명명할 때는 일반적으로 사용되지 않는 용어다. 평범한 자살은 무가치하고 꺼림칙한 것으로 여겨지며, 자살을 권리라고 하는 사람은 뭇매를 맞는다. 평범한 자살은 실질적으로 선택이라기보다는 우울증과 같은 무언가의 영향으로 인해 행해지기 때문이다. 즉, '사실은' 원하지 않은 행동이라는 것이다. 자살을 시도했으나 생존한 사람들은 거의 대부분 나중에는 자살로 사망하지 않는다. 이 사실은 평범한 자살이 깊은 생각 끝에 영구적인 죽음을 시도한 것이라기보다는, 죽음이라는 상황을 견뎌 내기만 한다면 건너편에 썩 괜찮은 삶이 기다리고 있다는 생각에서 이루어지는 것이라는 가설을 뒷받침하는 듯 보인다.

조력사는 자살에 대한 문화적인 금기에 반기를 든다. 대체 누구에게 목숨을 끊을 권리가 있느냐는 질문이 제기된다.

제2장

자식을 떠나보내다

✦

자식이 스스로 목숨을 끊는 것은 모든 부모의 악몽이다.

당혹감. 자책감.

우리가 알았어야 했는데.

무언가를 해야 했는데.

왜 그렇게까지 불행해했을까?

"사랑해요. 감사해요, 전부. 그리고 죄송해요. 더는 못 하겠어요."

열여섯 살 아들 요한의 문자를 받은 그는 방금 읽은 내용을 이해할 수가 없었다. 공포감이 밀려들었다. 대체 무슨 일이 벌어지려는 거지? 요한에게 전화를 걸어 봤다. 받지 않았다. 집 안을 가로질러 아내에게 갔다. 마치 시간이 멈춘 듯했고, 심장은 쿵쿵거리며 터질 것만 같았다. "요한이 목숨을 끊으려나 봐." 아내의 눈에 차오르는 공포. 목소리들. 응급전화. 설명하는 동안 평정심을 유지하려고 했다. 울렁이는 기분이 들었다. 경찰도 요한이 어디에 있는지 알지 못했다. 요한에게 다시 전화를 걸었지만 받지 않았다. 요한의 친구에게 전화를 걸었다. 그 아이도 문자를 받았다고 했다. "내가 너 아끼는 거 알지? 넌 내 가장 소중한 친구야. 앞으로도 계속 그럴 거야. 강해져야 해, 약속해. ♥" 그런 일은 벌어져서는 안 된다. 다른 일이야 아무래도 상관없지만 그것만큼은 결코.

친구에게 요한이 어디에 있는지 짐작할 수 있을 사진이 도착했다. 경찰이 휴대전화를 추적했다. 요한이 어릴 적부터 오르곤 했던 실외 활동장이었다. 그들은 차에 올라타 서둘러 달려갔다. 그렇게나 빠른 속도로 차를 몰 수 있는지 처음 알았다. 그들은 끊임없이 요한에게 전화를 걸었지만 전혀 받지 않았다. 자동응답기 목소리만 울렸다. 요한은 어릴 적에 녹음해 둔 목소리를 그대로 계속 사용하고 있었다. 그게 멋지다고 생각했던 듯하다. 어린아이의 밝고 구김살 없는 목소리가 울렸다. "안녕하세요, 요한이에요. 지금은 전화를 받을 수 없어요. 메시지를 남겨 주세요."

그들이 암벽 등반 설비에 다다랐을 무렵, 이미 소방차와 구급차, 경찰차가 도착해서 주변을 샅샅이 뒤지고 있었다. 요한은 아직 살아 있겠지? 자살을 감행하지는 않았을 것이다. 어쩌면 그냥 오해로 인한 해프닝일지 모른다. 오해에서 비롯된 일일 것이다. 조사 담당관이 요한의 부모에게 특별히 요한이 있을 법한 곳은 없는지 물었다. 요한이 앉아서 경치를 보곤 했던 바위가 있긴 했다. 백일몽에 빠지곤 했던 곳. 그들은 숲을 가로질러 달렸지만 경찰이 제지했다. 자기네를 막아선 경찰을 보며 다 끝났다는 생각이 스쳤다. 무언가를 찾아낸 것이다. 젊은 청년을. "여러분은 가서 보시면 안 됩니다. 저와 같이 가시죠."

요한은 겨우 열여섯 살을 채웠다. 아직도 살아갈 날이 많이 남아 있었다. 클리셰처럼 들리긴 하지만 분명 사실이다. 자식이 스스로 목숨을 끊는 것은 모든 부모의 악몽이다. 당혹감. 자책감. 우리가 알았어야 했는데. 무언가를 해야 했는데. 왜 그렇게까지 불행해했을까?

해소되지 않는 의문

자식이 자살로 생을 마감하면 그 부모와 친척들에게는 사회적인 충격이 파장을 일으킨다. 때로는 병원에서 그 사실을 통지하는 경우도 있다. 일부는 침묵하며, 일부는 비명을 지르고, 일부는 서 있지도 못한 채 말 그대로 무너져 내린다. 몇몇은 어렴풋이 그 사실을 짐작하는 반면, 몇몇은 자기 자식에게 그런 일이 벌어지리라고는 생각하지도 못한다. 하지만 이들 부모에게는 한 가지 공통점이 있다. 바로 이제부터 이해하려고 노력해야 한다는 것이다. 해소되지 않는 의문이 남아 있는 것이다. 어떻게 자식이 그럴 것임을 알아채지 못했을까? 왜 막지 못했을까? 지금 우리가 느끼는 이 감정을, 어쩌다가 자식이 느끼게 된 걸까? 우리 잘못일까?

자살의 재구성

자살은 고립적이라는 특성이 있다. 남에게 자신이 무슨 생각을 하는지 말할 수 없으며, 홀로 목숨을 끊는 것 외에는 설명할 길이 없다. 이러한 특성 때문에 가까운 사람도 파악하기가 어렵다. 이들은 충격에 빠지고 왜 그러느냐고 물을 기회를 모두 박탈당한다. 조금 전까지만 해도 살아 있었으나 이제는 영영 죽어 버린 자식과 관련된 기억들을 평생 자살에 초점을 맞추어 돌아보게 된다. 그렇기에 자살을 이해하는 것은 무척 중요하다.

대체 요한에게는 무슨 일이 있었던 것일까? 또, 리즈 고모에게는?

요한의 엄마와 아빠는 이후 며칠은 평소와 비슷하게 보냈다. 충격에 빠졌다는 점을 제외하면 말이다. 주변 사람들은 방금 자식을 잃은 부모, 즉 '그런 식'으로 자식을 잃은 부모와 얘기하기가 곤란하다는 듯 특유의 과묵함을 보였다.

요한의 엄마는 친구들에게서 위안을 찾은 반면, 요한의 아빠는 사건을 낱낱이 재구성하고자 했다. 그는 요한의 체크

카드 정보를 통해 요한이 구입한 물건을 살펴보았다. 요한의 친구들과 얘기를 나눴다. 한 명도 빠짐없이. 요한에게 레드불을 판매한 세븐일레븐의 직원과도 얘기했다. 모든 사람과 대화하며 요한의 아빠는 그 누구도 이러한 일이 벌어질 것을 알지 못했음을 깨달았다. 어쩌면 요한 역시 레드불을 살 때 자신이 다섯 시간 후에 죽음을 향해 뛰어내릴 것임을 알지 못했던 것은 아닐까?

자살에 대한 생각은 일반적으로 자살 관념suicidal ideation과 함께 시작된다. 혹은 자살 관념을 일으키는 다른 일이 기폭제가 되기도 한다. 자살 관념이란 자살을 탈출구로 생각하는 것부터 직접 죽겠다는 더욱 강렬한 생각에 이르기까지 스펙트럼이 넓다. 자살 관념에 이어 자살 계획 수립이 이루어진다. 그런 다음 자살하겠다는 뜻을 굳히고, 결국 자살을 시도하게 된다. 죽음을 향해 논리적으로 한 발씩 다가가는 셈이다. 이러한 사고방식, 즉 죽음으로 이어지는 붉은 실은 죽은 사람이 살아 있던 동안 어떤 식으로든 자살로 생을 마감할 것이 이미 정해져 있던 것처럼 보이게 한다. 아직 아이였던 요한에게 벌써 무슨 일이 있었단 말인가? 약간 우울해 보였던 적이 있었을까?

오랫동안 죽는 것이 더 나을 것이라는 생각을 품고 살아가는 사람도 있다. 이들은 그로부터 오랜 시간이 지난 후에 방법론적 방식으로 자신의 삶을 끝맺는다. 그러나 대다수의 사람이 죽음을 향해 다가서는 방식은 타이타닉호가 빙하를 향해 항해한 것과는 다르다. 내적인 갈등을 겪고, 주저하다가 갑작스럽게 결말에 도달하게 된다. 자살 시도 생존자를 인터뷰한 연구에 따르면 약 3분의 1은 자살 관념을 오래 겪지 않았으며, 대체로 자살 시도 한 시간 전에 목숨을 끊겠다는 생각이 든 것으로 확인됐다. 다시 말해 종종 자살 시도가 빠른 시간에 이루어지므로 다른 사람은 알 겨를이 없는 셈이다. 자살을 시도하는 사람조차도 다른 사람을 언제 마지막으로 보게 될지 알 수 없다.

요한의 휴대전화에서 자살 하루 전에 찍은 셀프 촬영 사진이 스냅챗 앱에서 발견됐다. 사진에는 "요 몇 년 동안 내가 아끼는 모든 사람에게, 고마워."라고 적혀 있었다. 하지만 이 사진은 업로드되지 않았다. 요한은 무슨 일이 벌어질지 누구와도 얘기하지 않은 듯했다. 심지어 앞으로 몇 주 동안 무얼 할지 계획도 세웠던 것으로 확인됐다.

리즈 고모 역시 어떠한 자살 예고장도 남기지 않았다. 그 전에 자살을 시도한 적도 없었다. 삶의 마지막 순간에 고모는 무슨 생각을 했을까? 비탄에 빠져 비정상적으로 행동했을까, 아니면 결심했음에 차분함을 느꼈을까? 아니면 욕조에 몸을 담글 때까지도 아직 결정을 내리지 못한 상태였을까? 내 아버지, 고모의 여러 형제자매와 부모님, 사촌들, 친구들, 호기심 넘치는 지인들 등 고모의 죽음을 궁금해했던 많은 이들은 모두 정확히 어떤 일이 벌어졌는지 진상을 재구성하는 데 실패했다. 제각각 자신이 찾아낸 단서로, 자신만의 방식으로 사건을 재구성하거나 그저 추측하는 데 그쳤다. 우리는 정확히 어떤 일이 벌어진 것인지는 알 수 없더라도 어떤 식으로든 이해하고자 했다. 우리 뇌는 진상의 틀을 구축한 뒤 파악한 정보를 채워 넣도록 설계되어 있기 때문이다.

버지니아 울프의 마지막 편지

1941년 3월의 어느 금요일, 점심 식사 직전에 버지니아 울프Virginia Woolf는 영국 남부의 차디찬 우즈강에 몸을 던졌다. 그녀가 입고 있던 바지의 주머니에는 돌이 가득 들어 있었다. 그로부터 3주 뒤, 어린이 몇 명이 다리로 떠밀려 온 사체를 발견했다.

버지니아 울프는 세계적으로 저명한 작가로, 59세를 일기로 사망했을 당시 블룸즈버리그룹Bloomsbury Group(20세기 전반 영국의 작가, 지식인, 철학자, 예술가 집단—옮긴이)의 일원이었으며, 마찬가지로 작가인 레너드 울프Leonard Woolf와 29년 전에 결혼한 상태였다. 이날 레너드는 버지니아가 걱정됐다고 했다. 버지니아는 기분이 저조했으며 앞서 우울증에 시달리고 있었다. 우울증을 겪고 있기로는 레너드도 마찬가지였다. 오전에 레너드는 버지니아가 바깥에 앉아서 글을 쓰고 있는 것을 보았다고 했다. 당시 버지니아가 쓰던 글이 영영 마지막이 될 것임을 레너드는 알지 못했다. 그 글은 레너드에게 보내는 작별 편지였다.

> 사랑하는 당신에게.
>
> 내가 또 미쳐 버릴 거라는 예감이 들어. 우리가 그 끔찍한 시간을 다시 견뎌 낼 수 없을 것 같아. 그리고 이번에는 내가 회복할 수 없겠지. 목소리가 들리기 시작했어. 집중할 수가 없어. 그래서 나는 최선의 선택을 하고자 해. 당신은 내게 가장 큰 행복을 안겨 주었어. 당신은 모든 면에서 최선을 다했지. 이렇게 끔찍한 병이 덮쳤을 때 우리처럼 행복하게 지낸 부부를 찾지는 못할 거야. 난 더 이상 싸울 수가 없어. 내가 당신 삶을 망치리라는 것을 알아. 하지만 당신이 나 없이 이겨 내리란 것도 알지. 분명 그럴 거야, 확신해. 보다시피 나는 이 글조차 제대로 쓸 수가 없어. 난 읽을 수가 없어. 내가 하고 싶은 말은, 내 삶의 모든 행복은 당신 덕분이라는 거야. 당신은 내게 내내 인내심을 보였고 더할 나위 없이 다정하게 대해 주었어. 이 말은 꼭 해야겠어. 다들 이 사실

을 안다고. 누군가 나를 구할 수 있었다면 그건 다름 아닌 당신이었을 거라고. 모든 것이 나를 떠났지만 당신의 다정함에 대한 확신만큼은 남아 있어. 난 더 이상 당신 삶을 망쳐서는 안 돼.

나는 어느 누구도 우리보다 더 행복할 수는 없을 거라고 생각해.[5]

버지니아는 모든 것이 자신을 떠났으나 남편의 다정함만은 남았다고 적었다. 편지에서는 전형적인 우울증 증상도 확인할 수 있다. 우울증은 치료할 수도 있었으므로 버지니아가 죽지 않아도 되었을지 모른다. 그녀는 더 이상 집중할 수도, 읽을 수도, 제대로 쓸 수도 없다고 했다. 목소리를 듣기 시작했다고도 했다. 이는 우울증 환자의 자살 위험을 높이는 것으로 알려진 심각한 징후다.

버지니아는 자신이 남편의 삶을 망치고 있으며, 남편이 일하지 못하도록 훼방을 놓고 있다며 죄책감을 느꼈다. 버지니아의 편지는 그녀가 죽음을 향해 다가가고 있음에도 가까운 이들을 자살로 인한 여파로부터 보호하고자 최선을 다하고 있음을 여실히 보여 준다는 측면에서 무척이나 아름답다(유서를 아름답다고 해도 되는지는 모르겠지만 말이다). 그럼에도 레너드는 이후 죄책감을 느꼈다. 버지니아를 병원에 데려갔어야 했다고 말이다.

아무도 몰래, 내색하지 않고

대부분의 친인척은 자살한 사람을 이해했어야만 한다는 생각에 괴로워한다. 자기네가 경고 신호를 놓쳤을 것이라고 말이다. 레너드 또한 그런 감정을 느꼈다. 버지니아의 자살을 예견할 수 있었을 것이며, 만약 그랬더라면 자살을 막을 수 있었으리라고 생각했다. 모든 것이 다시 다 좋아졌을 것이라고 말이다.

그렇지만 자살을 정확하게 예견하는 것이 가능할까? 관련 연구는 일반적으로 친인척의 관점이 아닌 보건의료의 관점에서 이루어진다. 다시 말해 누군가가 삶을 마감하려 할 때 의사가 이를 얼마나 정확히 예견할 수 있는지를 다룬다. 연구에 따르면 이를 정확히 예견하기란 어렵다. 영국에서 자살 사망자의 85퍼센트는 보건 인력과 마지막으로 접촉했을 때 단기적으로 자살 위험이 낮다는 진단을 받았으며, 59퍼센트는 장기적으로도 이러한 위험이 낮다고 평가되었다.[6]

더 먼 미래의 일을 예견하려 할수록 더 어렵기 마련이라고 할 수 있다. 20분 후의 날씨는 비교적 정확히 예측할 수 있으나, 시점이 늦춰질수록 정확도는 낮아진다. 일주일 후의 날씨가 어떨지 예측하기란 상당히 불확실하며, 다음 해의 일기예보란 거의 불가능하다. 그렇기 때문에 보건의료 업계 종사자가 보기에 자살 위험이 낮다고 진단한 사람이 이후 자살로 사망하더라도 잘못된 진단을 내렸다고 할 수는 없을 것이다. 진단 당시에는 옳았을 수 있으나, 이후 상황이 달라졌을 가능성도 있다. 사회보험청에서 부정적인 소식을 통지했거나, 배우자가 지쳤다는 식의 이야기를 했을지도 모른다. 어쩌면 우울증이 더욱 악화했을 수도 있다. 혹은 술을 마셨거나 약물을 복용했을 가능성도 있다.

보건의료 업계가 자살로 사망할 사람을 항상 발견하는 것은 아니듯, 그 반대의 경우도 마찬가지다. 자살 위험이 높다고 분류된 사람 중 대다수가 다행히 죽지 않기도 한다. 위험에 대한 관점에도 사람마다 차이가 있다. 일반적으로 자살 위험이 '상당히 높다'는 진단을 받은 사람이라면 자살할 것이라 생각하지만, 근 한 달 동안 이 그룹의 자살 위험이 실제로는 1퍼센트를 밑돌았다.[7]

자살로 죽음을 맞게 될 사람을 정확하게 식별하고 이를 방지하는 것이 쉽지 않은 이유는 실제로는 자살이 흔하지 않기 때문이다. 그럼에도 죽음이 일반적이지 않은 집단, 특히 청년층에서 자살은 여전히 가장 흔한 사망 원인이다. 한편으로 청년의 자살은 장노년층의 자살보다 유의미하게 적다. 스웨덴에서 한 해 동안 자살로 사망하는 사람은 1,000만 명 중 1,500명 남짓이다. 다시 말해 0.015퍼센트다. 어떤 현상이 일어날 가능성이 높다면 예측의 정확도는 더 올라간다. 이를테면 겨울에 눈이 올 것이라 예측하는 것이 여름에 눈이 올 것이라 예측하는 것보다 맞을 확률이 더 높다.

나는 가능한 한 모든 것을 정확하게 상정하더라도 자살을 예견하는 것이 어려운 일임을 친인척이 아는 게 중요하다고 생각한다. 친인척이 항상 알 수 있는 것은 아니다. 무언가를 놓쳤을 가능성도 낮다. 놓칠 만한 무언가가 애초에 없을 수도 있다.

그렇다면 자살 위험을 평가할 때는 어떤 신호를 살필까? 요한의 사례를 보자. 요한은 남성이다. 이는 여성 대비 자살 위험을 상당히 높이는 요인이다. 다음으로 연령을 보면, 요한은 열여섯 살이다. 이는 위험을 그다지 높이지 않는다. 남성이고 중년인 요한의 아빠가 자살 위험이 더 높다.

요한은 반년 전에 자살 기도라고 할 수 있는 행동을 했다. 요한은 친구들과 여름에 여행을 떠나 스웨덴의 수많은 호수 중 한 곳에서 멀리, 아주 멀리까지 헤엄쳐 나갔다. 호수의 물은 무척 차가웠다. 요한은 바닥까지 가라앉게 가만히 있어 보았으나 실제로 그렇게 되지는 않았다. 뭍으로 돌아갈 수 있기까지 얼마나 멀리 나아갈 수 있는지를 시험해 본 셈이기도 했다. 호숫가에서 이미 한참 떨어진 곳이었기에 과연 뭍으로 돌아갈 수 있을지 의문이 들었다. 요한은 수영을 꽤 잘하는 편이었으나, 어마어마한 한기를 느끼기 시작했다. 그때 잔잔한 수면에 요란한 모터 소리가 울렸다. 어디선가 갑자기 제트스키를 탄 친구들이 나타났다. "야, 너 진짜 멀리까지 헤엄쳐 왔네. 같이 타고 갈래?"

며칠 후 요한이 엄마에게 이 얘기를 했을 때 요한의 엄마는 굉장히 신경이 쓰였다고 했다. 마치 바닥이 푹 꺼지는 느낌이었다. 혹은 엄마와 요한의 발밑이 모두 뻥 뚫린 느낌이라고도 할 수 있을 것이다. 요한의 이야기를 듣고 처음 엄습했던 공포감이 가신 후에는 요한이 이 얘기를 털어놓았다는 사실이 기뻤다. 요한은 이미 지난 일이라고 말하며 확신을 더해주었다. 그땐 바깥에 갇힌 느낌이었지만 지금은 다시 기분이 괜찮다고 했다.

요한은 항상 겁이 없었다. 요한의 누나는 어릴 적 항상 부모님 곁에 붙어 있던 반면, 요한은 어디로든 훌쩍 가 버렸다가 돌아와서는 불안해하는 부모님을 의아해했다. 지금껏 그렇게 문제없이 지내 왔다. 그러니 호수에서 먼 곳까지 헤엄쳐 한계를 시험하는 것도 특별히 놀랄 일은 아니다. 그러나 요한이 죽는 게 더 나을 것이라고 생각했다는 사실에 요한의 엄마는 당연히 질겁했다. 그 이후 요한과 요한의 부모는 여러 차례 대화를 나누었다. 요한은 점점 나아지는 것처럼 보이기도 했다. 요한의 부모는 요한에게 보건소의 심리상담센터를 찾아가 보도록 몇 차례 설득했다. 그로부터 얼마 후, 기분이 어떠냐는 질문에 요한은 십 대들이 으레 그렇듯 단조롭게 "좋아요."라고만 답하기 시작했다. 보통 십 대들이 다들 그렇지 않은가?

정리하자면 자살 위험 요인은 성별, 자살 기도 경험, 정신과 진단 여부(요한은 받지 않았다), 친척 중 자살로 사망한 사람이 있는지다. 술과 약물 모두 순간적인 충동을 부추기는 중대한 요인으로, 위험을 크게 높인다. 또한 위험을 높이는 사건도 있다. 예를 들면 헤어짐, 친척의 죽음, 괴롭힘, 모욕, 그 밖에 생활고 등이다.

위험 요인 외에 보호 요인도 있다. 가족, 좋은 친구들이 있거나 개를 키우거나 그 밖에 마음속에 소중히 간직한 것들을 들 수 있다. 나는 이런 말을 들은 기억이 여러 번 있다. "살고 싶지 않지만 내겐 아이가 있어서 어떻게 할 수가 없어요."

대부분의 위험 요인은 일반적이다. 이를테면 남성이라는 것처럼 말이다. 우울증이 있으나 자해하지 않는 사람은 많으며, 사실 대부분 자해를 하지 않는다. 따라서 위험 요인은 아주 단순히 통계적인 자살 위험에 영향을 미치는 요인인 셈이다. 이러한 요인은 자살의 이유가 되지 않는다. 다시 말해 개인이 이러한 요인에 사로잡히고, 이러한 요인을 자살의 동력으로 삼지는 않는다는 뜻이다. 개인의 자살 위험을 파악하는 데 있어 친인척과 보건의료 업계 모두 어려움을 겪는 지점이 있다. 자살을 계획하는 사람이 전혀 내색하지 않을 수 있다는 것이다. 이는 자살의 불편한 특성 중 하나다. 죽으려는 사람은 몰래 죽음을 꾀하고 친인척을 어느 정도는 적극적으로 기만한다.

누가 죽을 것인지를 예견하기 어렵게 만드는 요소는 다양하다. 통계적으로 보았을 때 자살은 흔치 않으나, 시간이 지남에 따라 위험성은 급변할 수 있으며 때로는 정확한 정보를 얻지 못할 때도 있다.

당신은 아무런 잘못도 하지 않았다

경고 신호warning signal란 임박한 재앙을 경고하는 신호를 말한다. 정신과에서 말하는 경고 신호란 심장마비, 뇌졸중 처치 같은 의료 부문에서 사용하는 용어를 차용한 것이다. 심장마비의 증상으로는 가슴 통증 등이 있다. 적시에 증상을 발견한다면 재빨리 조치를 해 파국을 초래하는 상해나 사망을 방지할 수 있다.

그러나 이러한 질환은 혈관이 뚜렷하게 훼손되었을 때 발생하며, 경고 신호 역시 혈관이 막힐 때 생기므로 사전에 발견하는 것이 가능하다. 반면 자살 경고 신호는 훨씬 더 불분명하다. 자살 경고 신호의 예를 몇 가지 들자면, 무기 구입, 음주, 과수면 또는 불면 등이 있다. 의기소침해 있거나, 힘겨운 이별을 겪었거나, 피로하거나, 축 처져 있거나, 불안감을 느끼는 경우도 경고 신호로 받아들일 수 있다. 이러한 경고 신호는 상당히 불분명하므로 특별히 유용하다고 할 수 없다. 피로한 사람은 무척 많으며, 축 처진 사람도, 과도하게 많이 자거나 적게 자는 사람도 많다. 이러한 모든 행동을 경고 신호라고 한다면 전체적으로 보았을 때 자살하는 모든 사람의 경고 신호를 놓친 셈이다. 문제는 이러한 경고 신호가 수반하는 죄책감에 있다. 위험 요소와 경고 신호에 대해 이야기할 경우 무언가 포착했어야 할 것이 있었음을 시사하게 된다. 파악했어야 할 뭔가가 있었다고 말이다.

자살 연구자 타일러 블랙Tyler Black은 이러한 문제를 요약하면서, 자살로 사망한 사람의 친인척이 경고 신호를 찾아 헤매서는 안 된다고 한다.

> 당신은 아무런 잘못도 하지 않았다. 아무것도 놓치지 않았다. 당신이 애도하는 죽음은 복잡하고 예측 불가능한 성격의 것이다. 누군가 자살로 사망할 경우 우리의 뇌는 자신에게 끔찍한 짓을 한다. 예를 들면 직접적인 원인을 찾거나(항상 틀린다), 구조하는 상상을 하거나(거의 불가능하다), 뒤늦게 깨닫고 다시 시작하는

상상을 한다(결코 그 효과를 확인할 수 없다). 당신은 당신이 인지할 수 있는 범위 안에서, 당신이 가진 역량 안에서, 당신의 자리에서 최선을 다했다.[8]

의사로서 나는 환자에게 삶의 의욕이 있는지 혹은 자살 관념이 있는지 묻는다. 이는 환자에게 이야기할 기회를 주기 위함이다. 환자의 말을 통해 나는 더 정확하게 위험을 평가할 수 있다. 하지만 그 질문은 나 자신을 위한 것이기도 하다. 위험 평가가 완벽하게 정확할 수 없으며 따라서 위험 평가의 유의미함에 의문이 제기될 수 있음을 알고 있다 하더라도, 이러한 질문은 자살로 인해 발생할 수 있는 의혹과 자책으로부터 나를 보호해 준다. 다시 말해, 내가 이 질문을 하지 않았는데 환자가 죽는다면, 내가 환자의 자살을 막기 위해 무언가를 할 수 있었을지도 모른다는 생각을 하게 될 것이다.

그렇다면 정신과 의사는 환자의 자살 위험이 높다고 평가할 때 무엇을 하는가? 이때 정신과 의사는 환자를 병원에 입원시키거나, 위험 요소에 대해 조치하거나, 그 환자가 더 자주 병원을 찾도록 한다. 자살 위험이 높은 경우에는 강제 치료가 이루어질 수 있다. 다시 말해 환자의 의사와 관계없이 정신과에 머무르도록 강제하는 것이다. 자살 관념이 있는 사람을 죄다 병원에 입원시키는 것은 매혹적인 방법으로 보일 수 있다. 그렇게 함으로써 자해 가능성을 낮출 수 있을 듯 보이기 때문이다. 그러나 현장에서는 그렇게 하기가 어렵다. 이 경우 정신과에 수십만 명의 입원 환자가 생기게 되기 때문이다. 그리고 이렇게 하지 않는 또 다른, 쉽게 떠올리기 어려운 한 가지 이유가 있다. 병원에 입원한 사람들이 실제로 자해하지는 않더라도, 병원 입원 자체가 장기적으로는 자해 위험을 높일 수 있다.

병동은 호텔이 아니므로 입원이 일부 환자에게 부정적인 영향을 미칠 수 있음은 충분히 상상할 수 있다. 입원해 있는 동안 병원 바깥의 일상생활을 해낼 능력을 다소 상실할 수 있으며, 또는 다른 환자들에게 둘러싸여 지내야 하는 병원 환경 탓에 기분이 저조해질 수 있다. 이러한 이유로 여전히 자살 관념이 있는 사람을 퇴원 조치하기도 한다. 이때 입원을 지속하는 것이 환자에게 어떤 이점과 단점이 있는지 심사숙고해야 한다.

누구의 잘못인가?

죽은 자는 말이 없다. 죽은 자의 말은 망자와 함께 무덤에 묻혔으며, 친인척은 슬픔과 회한 속에 남겨진다. 자살로 죽은 자는 누군가에게 책임을 물을 수도, 책임이 있는 자를 지목할 수도 없다. 이는 자연히 간접적인 방식으로 이루어진다. 이를테면 유서에 누군가의 이름을 적는 식이다. 하지만 대부분의 유서는 그 누구의 잘못도 아님을 해명한다. 유서는 일종의 애정 표현이자 친인척의 고통을 덜어 주려는 시도다. 버지니아 울프의 사례에서처럼 말이다. 그럼에도 "누구의 잘못인가?"라는 질문은 슬며시 고개를 든다. 바로 이 의문은 길게 그림자를 드리우며 온 가족을 죄책감의 수렁으로 빠뜨린다. 동시에 이 질문은 자살을 예견할 수 있으며 막을 수 있다는 생각에서 비롯한다.

자살이 질환 탓이라는 생각은 가족의 죄책감을 덜어 줄 수는 있으나 보건의료 부문에는 더 무거운 책임을 느끼게 한다. 그렇지만 보건의료 업계도 항상 도움이 되는 처치를 제공할 수는 없다. 자살에 접근하는 또 다른 관점은 자살은 존재하며, 가족의 사랑 또는 보건의료 업계 종사자의 사려 깊은 돌봄에도 불구하고 자살을 없앨 수는 없다는 것이다. 다시 말해 인간이 자살을 없애기 위해 얼마나 애를 쓰든 자살은 계속해 인간과 떼려야 뗄 수 없는 현상으로서 존재한다는 관점이다.

선택을 존중하기 위한 싸움

외르얀 그루덴Örjan Gruden은 자살로 사망한 열여덟 살 남성, 아니 소년의 아버지다. 외르얀은 무슨 일이 벌어졌는지를 이해하기 위해 많은 시간을 쏟았다. 그는 자기 자신에게서 답을 구했다. 자살 사망자의 아버지인 그가 취한 관점은 다소 놀라웠다. 외르얀에 따르면 아들에게 자살의 근거가 될 만한 정신적인 질환이 있었음을 방증하는 것은 거의 없었다. 반면 그 자신은 위험 요인이 많았다. 외르얀은 자신의 관점에서 아들을 바라보는 대신, 삶을 끝내기로 선택한 아들의 입장이 되어 삶이 어떻게 보였을지를 살폈다.

누군가가 자신의 삶을 끝내기로 '선택했다'고 말하는 것은 논란의 여지가 있으며, 자살 예방 단체에서 근무하는 많은 사람은 그렇게 표현하는 것을 지양하도록 권장한다. 이는 자살이 선택이 아니며, 다른 길이 보이지 않기 때문에 어쩔 수 없이 행하게 되는 행동이라고 보기 때문이다. 하지만 외르얀은 자신의 아들을 남겨진 선택지가 없는 사람으로 위축시키고 싶지 않았다.

외르얀은 "만약 지금 제 아들이 여기에 있다면 말이죠. 자기가 무슨 짓을 했는지 모를 거라고 제가 말하는 걸 들으면 엄청나게 화를 낼 겁니다."라고 말했다.

외르얀에 따르면 죽은 자는 말이 없기 때문에 자살은 주변인의 관점에서만 비치게 된다. 외르얀은 죽은 자에 대한 존중을 표하고 싶었으며, 그들의 자살을 실수 또는 혼란에 빠져 저지른 짓으로 절하하고 싶지 않았다.

여기에서 한 가지 중요한 의미상의 차이를 짚고 넘어가자. 자살한 사람의 선택을 존중한다고 해서 자살을 막아서는 안 된다는 의미는 아니다. 자살을 그 사람이 처한 상황과 그 사람의 관점을 통해 봄으로써 선택으로 존중하는 것은, 자살을 일종의 심리적인 요인에서 기인한 실수로 보는 것과 차이가 있다. 외르얀은 자살을 항상 선택으로 보아야 하는 것은 아니라고 생각한다. 하지만 자살은 결코 선택이 아니라고 말하는 것은 잘못이라는 입장이다.

외르얀은 이따금 아들의 자살을 선택이라고 보는 그의 관점이 책임 회피라는 말을 듣는다. 하지만 그는 오히려 그 반대라고 말한다. 사람들은 자살한 사람이 아팠으며, 무슨 짓을 하는지 몰랐으며, 사실상 실수를 저지른 것이라고 생각하곤 한다.

여기에서 핵심적인 단어는 '사실상'이다. 개인에게 선택권이 있다고 보거나, 다른 곳에 책임 또는 원인을 돌리는 것은 어렵다. 만약 자살한 사람이 아프지 않았다면, 그 사람은 우리에게 깊은 상처를 남길 것임을 알면서도 자살을 하게 된 셈이 된다. 그렇다면 나를 사랑하지 않았단 말인가? 그 자신은 사랑받는다는 느낌을 받지 못했단 말인가?

외르얀은 '자살 담론'을 받아들이지 않는 친인척들은 다른 사람 또는 자살 유족을 위한 단체로부터 지지를 받기 어렵다고 말한다. 외르얀에 따르면 '자살 담론'이란 자살은 항상 정신적인 질환에 의한 것이며, 간단한 조치로 자살자의 수를 줄일 수 있으며, 더 많은 공감을 보이는 게 도움이 되고, 남자아이들이 감정을 터놓고 말하는 법을 배우면 자살이 줄어들 것이라고 취급하는 것을 말한다.

외르얀이 '자살 담론'이 사실인지 의문을 제기했을 때 대놓고는 아니지만 "진실을 말하는 사람이 있다니 정말 다행이네요."라는 지지를 받았다. 외르얀은 동시에 당혹스럽다는 반응도 있었다고 말한다. 일각에서는 '대체 저 사람이 진짜 원하는 게 뭐람. 사람들이 스스로 목숨을 끊어야 한다고 생각하기라도 하는 건가?'라고 생각하는 듯 보였다고 했다.

나는 외르얀과 얘기를 나누며 그가 아무도 자처하지 않은 역할을 하고 있다는 인상을 받았다. 가까운 사람들은 슬픔에 잠기기 마련이다. 외르얀도 꽤 오랜 기간 슬픔에 잠겨 있었지만 이제 그는 괜찮아졌다. 그는 떳떳하다. 자신의 아들에 대한 책을 썼다는 사실도 숨기지 않는다.[9]

외르얀은 자신의 아들이 다른 사람을 아프게 하거나 다른 사람의 삶을 망가뜨리고자 했던 게 아니라고 말한다. 그는 아들의 선택을 한마디로 뭉뚱그리고 싶어 하지 않았다. 아들은 외르얀의 친구이기도 했으며 둘은 상당히 가깝게 지냈다.

외르얀은 스스로 아들을 존중하고자 애쓰고 있는 것이라고 말한다.

제3장

역사와 문화 속의 자살

1823년에 영국에서는 자살한 사람의 몸에 말뚝을 박아
교차로에 묻어야 한다는 법률을 폐지했다.
평균적으로 많은 사람이 자살하는 인도에서는
자살을 시도한 자에게 최대 1년의 징역형을
선고하는 법이 2017년에야 폐지됐다.

전 세계에서 매년 80만 명 정도가 자살로 생을 마감한다. 전쟁과 살인으로 사망하는 사람보다 많다. 자살하는 사람 세 명 중 두 명은 남성이며, 남성의 자살 시도는 대체로 죽음으로 끝난다.[10] 미국에서는 총기 사고가 증가하고 있으며, 학교에서의 총격 사건이 전국적인 문제가 되어 가고 있다. 그러나 2021년에 총기로 인해 사망한 5만 명 중 대부분은 자살로 삶을 마감했다. 그럼에도 이에 대해서는 쉬쉬하고 있다. 왜 그럴까?

자살은 여느 사건과 같지 않기 때문이다. 자살은 자기 자신을 완전히 파괴하는 행위로서 특히 묵직하게 다가온다. 세 명의 형제를 자살로 잃은 철학자 루트비히 비트겐슈타인은

"자살이 허용된다면 모든 게 허용될 것이다. 무엇도 허용되지 않는다면, 자살도 허용되지 않는다."고 했다.[11]

역사적으로 보았을 때 자살은 정황에 따라 칭찬할 만한 행동 또는 불쾌한 행동으로 비치는 윤리적인 관점에서 출발하여 근래에는 학술적인 관점에서 다뤄지고 있다. 오늘날 자살은 불행한 정황 또는 정신적인 질환으로 인해 처하게 되는 상태이므로 개인에게 책임을 물을 수 없다고 간주된다.

개인이 스스로 삶을 끝낼 수 있어야 하는지를 놓고 찬반 논쟁을 벌이는 것을 부조리하다고 볼 수도 있다. 많은 사람이, 실은 거의 대부분의 사람이 자살은 잘못된 해결책이자 수단이라고 생각한다. 하지만 자살이 잘못이며 때로는 금기시되기까지 한다면, 찬성하는 측은 어떤 근거로 그렇게 주장하는 것일까?

자살을 선택으로 보아야 한다는 사람들이 내세우는 가장 명백한 근거는 자기 결정권이다. 만약 삶이 내 것이라면 내 죽음을 결정할 권리도 내게 있어야 한다는 것이다. 자살을 금기시해서는 안 된다는 주장의 또 다른 근거는 자살이 고통에서 벗어날 기회를 준다는 것이다. 자살과 조력사를 가능한 선택지로 두어야 한다고 보는 주장은 개인에 대한 공감을 바탕으로 삼고 있다.

반대하는 측에서는 자살 기도가 일종의 예외적인 상황

임을 근거로 든다. 옳고 그름을 올바르게 가늠하는 게 아니라 정신적인 질환 등의 영향을 받아 판단을 내린다는 것이다. 자살은 돌이킬 수 없으므로 숙고하지 않은 자살은 한층 파멸적이라는 주장이다. 이들은 이를테면 요한 같은 청년이 충동적으로 삶을 마감할 수 있다고 본다. 자살한 자의 자기 결정권을 온전히 존중하는 사람은 드물다. 죽고자 하는 의지는 그 사람이 진정으로 원하는 것을 표명한 게 아니라고 보기 때문이다. 대신 자살하고자 하는 사람을 구조하여 상태가 호전되는지를 보고자 한다. 자살은 또한 주변 사람들에게 부정적인 영향을 미치며, 대체로 깊은 상처를 남긴다.

자살은 전 세계에서 금기시되어 왔음에도, 모든 현대적인 인류 문화권에서 관찰되고 있다. 어떤 자살은 용납될 수 있는 것으로 비치기도 한다. 역사를 살펴보면 자살이 허용되는 것처럼 간주되는 몇몇 근거를 찾아볼 수 있다.

고대 그리스에서 자살은 금지되었으며, 자살한 사람은 불명예스럽다는 이유로 외따로 묻혔다. 플라톤은 자살을 강력하게 규탄했으나 고통스러운 시험을 겪고 있거나 견딜 수 없는 수치를 당한 사람의 자살은 예외로 두었다. 플라톤의 제자인 아리스토텔레스는 극심한 고통과 질병도 합리적인 근거에 포함했다.

루크레티아는 왜 죽어야 했는가?

로마 공화국 건국의 서곡이 된 자살은 2,000여 년 동안 거듭 다뤄졌다. 루크레티아Lucretia가 실존 인물인지는 불명확하나 그의 운명에 대한 이야기를 살펴봄으로써 시간이 흐름에 따라 자살에 대한 관점이 어떻게 바뀌었는지 알아볼 수 있다.[12]

기원전 510년, 로마 왕국의 마지막 왕인 타르퀴니우스 수페르부스가 집권 중일 때의 일이다. 왕의 아들인 섹스투스와 몇몇 귀족이 앉아 자기네 아내의 성품을 자랑하고 있었다. 그중 루크레티아의 남편인 루키우스가 있었다. 남자들은 누구의 아내가 가장 절개가 곧은지 내기를 벌였다. 루키우스는 자기 아내가 가장 뛰어나다고 주장했는데, 이때 그는 자신이 어떤 치명적인 실수를 저질렀는지 알지 못했다.

그런 뒤 남자들은 말을 타고 집으로 달려가 누구의 말이 옳았는지를 살폈다. 이들은 자기 아내들이 술을 마시며 얘기를 나누는 모습을 보았으나, 루크레티아만은 달랐다. 루크레티아는 시종들에게 둘러싸여 실을 잣는 준비를 하느라 바빴다. 그야말로 고결한 자였다.

루키우스의 말이 옳았으며, 이는 즉 왕의 아들인 섹스투스가 판돈으로 송아지를 잃게 됨을 의미했다. 내기에서 패배한 왕자는 분개하며 루크레티아의 정조를 빼앗으려 했다. 며칠 후, 섹스투스는 루크레티아의 아버지와 남편이 멀리 떠나자 그 집으로 돌아와서 손님 대접을 받았다. 밤이 되자 섹스투스는 루크레티아를 강간하고자 침소에 숨어들었다.

"쉿, 루크레티아! 나는 섹스투스 타르퀴니우스다. 내 손에는 검이 있다. 찍소리라도 내면 네 목숨은 없는 것이다."

그러나 루크레티아는 죽이겠다는 위협에도 꺾이지 않았다. 그러자 섹스투스는 또 다른 무기를 꺼내 들었다. 바로 수치였다. 루크레티아의 시신 옆에 죽은 노예의 시체를 놓아 마치 '더러운 정사'가 있던 것처럼 꾸미겠다고 한 것이다. 섹스투스는 루크레티아를 강간하고 떠났다.

이윽고 루크레티아는 남편과 아버지에게 전령을 보내 집에 돌아올 것을 간청했다. 루크레티아는 무슨 일이 있었는지를 털어놓았고 이들은 복수를 맹세했다. 고대 로마의 시인 티투스 리비우스Titus Livius에 따르면, "그렇게 말하며 루크레티아는 옷 아래 숨겨 두었던 단도로 스스로 심장을 찔러, 자신이 흘린 피 웅덩이 위로 쓰러졌다."[13]

루크레티아의 시신은 로마의 포룸 로마눔Forum Romanum으로 옮겨졌으며, 그에게 벌어진 잔혹한 행위가 불러일으킨 혐오감은 혁명의 불씨를 댕겼다. 왕가는 산산조각이 났다. 이로써 로마 공화국이 세워졌으며 왕과 그의 아들, 강간범 섹스투스는 처형되었다. 루크레티아의 남편과 그의 사촌은 국민에 의해 공화국을 이끌 첫 집정관으로 선출되었다. 이로써 로마 공화국은 약 500년 후 아우구스투스가 로마 제국의 황제임을 선포할 때까지 지속되었다.

루크레티아의 자살은 로마 공화국의 건국 신화에서 무척 중요하게 다뤄지며 이후 2,000년 동안 보티첼리부터 렘브란트까지 여러 화가의 그림에서부터 셰익스피어의 시에 이르기까지 예술 속에서 거듭 묘사된다.

루크레티아가 살아 있을 동안 고대 로마에서 자살은 금기시되어 왔으나, 그럼에도 죄악으로 여겨지지는 않았다. 자살이 죄악이라는 인식은 기독교의 확산과 함께 처음 등장했다. 이를테면 군인이 스스로 목숨을 끊으면 국가는 패배하게 됐다. 죄악이든 아니든 관계없이 말이다.

로마 법전에서 예외 조항은 한 가지가 있으며, 그 밖의 경우에는 국가에서 자살한 자의 재산을 몰수하고 유족을 궁핍하게 만들었다. 예외는 바로 염세였다. 고통이 견딜 수 없는 상태이거나 질병으로 인하여 명백하게 비탄, 슬픔과 고통, 무감각에 빠져 사는 상태일 때다. 이는 신장결석, 두통 그리고 당시로서는 효과적인 치료법이 없는 그 밖의 고통으로 인해 발생할 수 있다.[14] 심각한 광기로 인한 자살 역시 처벌할 수 없는 것으로 간주되었다.

그런데 루크레티아는 대체 왜 죽어야 했던 것일까? 루크레티아가 왕권을 쳐부수는 데 동참할 수 있지는 않았을까?

당시 로마에서는 남에게 자신의 명성과 명예 그리고 존엄성을 내보이는 것이 무척 중요했다. 어쩌면 가장 납득할 만한 근거는 '치욕'이었을 것이다. 수치심은 군인이 포로로 사로잡히느니 자신의 칼로 자결하는 것, 경제적으로 빚더미에 올라앉는 것, 자신의 아이가 얼굴에 먹칠하는 행동을 하는 것과 관련이 있다. 강간을 당한 여성도 이 범주에 든다는 사실은 충격적이다. 범죄자가 아닌 피해자가 수치심을 느끼는 것이기 때문이다. 이 경우 자살을 통해 자신의 명예를 회복하는 것도 다름 아닌 피해자다. 바로 루크레티아가 그랬던 것처럼 말이다.

죄악이 된 자살

교부 아우구스티누스는 중요한 기독교 사상가 중 한 명으로, 410년에 《신국론》Civitas Dei이라는 책을 저술했다. 이 책에서 그는 기독교인이라면 어떠한 경우에도 자살해서는 안 된다고 명시했다.[16] 이로써 이따금 자살을 고결하며 영웅적인 행위로 보았던 고대의 시각은 종결되고, 오늘날과 유사한 관점이 형성되었다. 다시 말해 자살이 무척 부정적인 행위로 비치게 됐다. 그러나 오늘날과는 그 이유가 다르다. 아우구스티누스는 십계명의 '살인해서는 안 된다'는 계명이 자기 자신에게도 적용된다고 적었다. 신이 나를 창조했으므로 목숨을 끊는 행위는 신의 창조물(나와 같은 존재)을 모욕하는 행위라는 것이다.

스웨덴어의 '자살'självmord(자기 자신själv을 살해한다mord는 뜻—옮긴이) 그리고 자살을 뜻하는 라틴어 'suicid'는 자살이 얼마나 심각한 문제로 비쳤는지를 방증하는 단어다. 자살은 살인보다 나쁜 것으로 여겨졌다. 1500년대의 영국 작가인 로버트 버턴Robert Burton은 "다른 이의 몸을 찌르는 자는 그자의 육신을 죽이지만, 자기 자신을 찌르는 자는 스스로의 영혼을 죽인다."고 했다.[17] 스스로 목숨을 끊은 자에게는 후회하고 속죄하고 자비를 베풀 기회가 없어지기 때문이다.

아우구스티누스는 루크레티아에 대해 상세하게 기술했다. 그는 루크레티아의 순결함은 상실되지 않았다고 보았다. 신체는 범해졌으나 영혼은 온전하다는 것이었다. 아우구스티누스에 따르면 루크레티아의 자살은 잘못이며, 루크레티아는 범죄자가 아니라 피해자이기 때문에 죽음을 통해 명예를 회복할 필요가 없었다.

1225년에 이탈리아에서 태어난 토마스 아퀴나스의 글은 기독교의 핵심 사상으로 자리 잡았는데, 그는 자살은 예외의 여지 없이 잘못이라는 관점을 공고히 했다. 아퀴나스는 자살에 반대하는 세 가지 주장을 펼쳤다. 첫째는 "모두가 자기 자신을 사랑한다. 따라서 모두 자기 자신을 보존하려 하며 퇴락으로부터 자신을 보호하고자 한다."[18] 그는 스스로 목숨을 끊는 것을 이러한 자연스러운 삶의 충동에 반하는 행위라고 보았다. 자살이 바람직한 자연의 질서에 배치되는 행동이라는 주장은 세속 세계에서도 받아들여졌다. 자살을 반대하는 둘째 주장으로는 모두가 전체를 구성하는 부분이므로, 자기 자신을 죽이는 자는 공동체를 파괴하는 것임을 들었다. 삶은 그것이 살 가치가 있다는 전제를 토대로 구축된다. 아니면 적어도 살아야 하는 것임을 전제한다. 따라서 누군가가 자살을 하면 모든 것에 의문이 제기되는 셈이다. 셋째 주장은 삶은 선물이며 신만이 이를 주고 거둘 수 있다는 것이다. 이는 앞서 아우구스티누스가 주장한 것과 같다. 이로써 자살은 중죄이며 더 이상 허용되는 예외가 존재하지 않게 되었다.

1300년대에 단테 알리기에리는《신곡》초입에, 자살한 자는 살인자와 함께 연옥의 밑바닥으로 떨어지며, 아홉 층으로 구성된 지옥의 일곱째 층에 자리한다고 썼다. 자살자와 살인자는 여기에서 새와 인간이 기괴하게 섞인 하르피이아에게 고통을 받는다. 루크레티아는 자살했는데도 영원한 고통에서 벗어나 율리우스 카이사르, 플라톤, 소크라테스와 함께 림보에 머문다. 단테의 세계관에서 림보는 결함이 있는 낙원으로, 천국의 혜택을 누리지 못한 채로 지상에서의 삶을 영원히 살아야 하는 형벌이 내려진 곳이다.

자살이라는 범죄

자살에 대한 기독교의 관점은 서양의 세계관과 법률에도 영향을 미쳤다. 자살한 사람은 이미 사망했으므로 이를 처벌하는 것은 부조리하다. 서구 사회에서는 자살 유족 또는 자살을 시도했으나 생존한 자에게 처벌을 내렸다. 이는 자국민이 스스로 죽는 것을 방지하기 위한 처절한 시도였다. 망자의 재산은 국가에서 몰수했다. 교회는 사형 집행인이 망자의 시신을 (교회 묘지가 아니라) 주인 없는 숲에 묻도록 하여 처벌했다. 다시 말해 신의 은총을 받을 수 없도록 한 것이다. 스웨덴에서는 1908년에야 처음으로 자살로 사망한 자의 시신을 평범한 교회 묘지에 묻기 시작했다.

1734년 법에 따르면 스웨덴에서 자살 시도 생존자는 '경우에 따라 물과 빵, 잡곡 또는 쌀이 배급되는 징역형'에 처해질 수 있었다. 1751년, 프로이센에서 자살에 대한 재평가가 이루어진 중대한 사건이 벌어졌다. 당시 국왕인 프레데리크 2세가 자살 처벌을 폐기한 것이다. 1823년에 영국에서는 자살한 사람의 몸에 말뚝을 박아 교차로에 묻어야 한다는 법률을 폐지했다. 평균적으로 많은 사람이 자살하는 인도에서는 자살을 시도한 자에게 최대 1년의 징역형을 선고하는 법이 2017년에야 폐지됐다. 그럼에도 여전히 많은 국가에서 자살을 범죄로 취급하고 있다.

1600년대 스웨덴에서는 사무엘 함마리누스Samuel Hammarinus라는 지역 주임 사제가 목을 맨 시골 아낙을 발견했다. 그는 직접 그녀를 내려 교회 묘지에 묻었다.[19] 교구의 농부들은 사무엘 사제가 "자기네 교회 묘지의 신성을 모독했다."고 주장했다. 일요일에 함마리누스 사제가 설교하는 시간이면 예배자들이 항의의 의미로 출석하지 않은 탓에 교회가 텅 비었다. 온건한 성품의 함마리누스 사제는 해당 사안이 지방 법원과 종교 법정에 회부된 이후 실직하게 되었다. 결국 그는 사제직으로 복직했으나 교구 목사직을 다시 맡지는 못했다. 오늘날 스웨덴인에게 함마리누스 사제는 스톡홀름 중심부에 있는 메스테르 사무엘스가탄Mäster Samuelsgatan이라는 길 이름을 따온 사람으로 널리 알려져 있다.

그러나 법정에서는 항상 엄격하게 법을 적용하기보다는 오늘날 정신적인 문제로 간주할 수 있는 사유를 참작하여 법을 집행한 것으로 보인다. 몇몇 경우에는 처벌을 해서는 안 된다고 본 것이다. 1823년 뤽셀레의 법정에서 이와 관련된 사례를 찾아볼 수 있다. 이 법정에서는 뤽셀레에 거주하는 불운한 야콥 안데르손Jakob Andersson이 기소되었다.

> 그는 11월 중 두 번의 사건에서 정신적인 취약함을 겪었고, 나중에는 나아졌다. 첫 번째 시도에서는 익사하려 했으며 두 번째

> 경우에는 스스로 목을 베려고 했다. 그러나 그 둘 모두 성공하지 못했으며, 두 번째 경우에는 현재로서는 완치된 상해를 입히는 데 그쳤다.

야콥 안데르손은 자신이 "고통스러운 불안감으로 인해 삶에 실의를 느끼게 되었다."고 주장했다. 법정에서 증인은 다음과 같이 증언했다.

> 전도사 욘 안데르스 넨센은 병문안 시 야콥 안데르손의 정신 상태가 심각하게 좋지 않다는 인상을 받았다고 증언했다.

법정에서는 다음과 같은 이유로 야콥 안데르손에게 자살 기도에 대한 책임을 묻지 않기로 판결했다.

> 그는 광기에 사로잡혀 스스로 삶을 단축하려 했다. 그러나 그는 적절히 책망을 받았으며, 추후 울적한 생각이 고개를 들 때는 기도와 간구로써 신에게 의지하려 하였다.

"새로이 광기가 급습"하는 경우 그를 우메오의 응급실로 호송하도록 했다. 다시 말해 법정에서 자살 기도를 설명하는 과정에서 질병을 고려한 것이다.

금단의 영역

이슬람교는 기독교, 유대교와 그 종교적 기초를 공유한다. 신은 유일하므로, 인간이 올바른 길을 찾도록 돕는 선지자들이 있으며, 우리가 살면서 행한 행위로 인해 천국 또는 지옥으로 가게 되는 심판의 날이 올 것이라는 게 바로 그것이다.

나는 정기 회진 시 자살을 하고자 하는 생각이 있느냐고 물을 때, 이따금 "아뇨, 그건 금지된 겁니다. 저는 무슬림이에요."라는 대답을 듣곤 한다. 자살은 하람haram, 즉 무슬림에게 금단의 영역이다. 다른 종교를 믿는 환자들에게 이렇게 범주화할 수 있는 대답을 듣는 경우는 드물다.

이슬람교에서 자살을 금지하는 이유는 기독교와 비슷하다. 알라가 삶을 창조했으므로 알라만이 언제 삶을 거둘지 정할 수 있다는 것이다. 다시 말해 자살은 알라에게 불복하는 행위다.[20] 자살은 또한 불안정한 정신 상태일 때 범해지므로 금지되는 행위다. 하늘에 도착했을 때, 더 정확히는 자한남Jahannam, 즉 이슬람교에서 말하는 연옥에 다다랐을 때는 후회해도 소용이 없다.

개인이 온전한 정신 상태가 아닐 때 이루어지므로 자살을 막아야 한다는 관점은 오늘날 정신과에서 취하는 것과 동일한 관점이다. 이제는 무슬림도 물론 자살을 한다. 무슬림 국가의 자살률이 낮은 이유로는 자살이 가족끼리만 쉬쉬하는 어두운 비밀이기 때문이라는 점을 들 수 있을 것이다.

유대교의 관점도 이슬람교나 기독교와 크게 다르지 않다. 삶은 신성한 것이며 유지되어야 하는 것이다. 자살은 근본적으로 잘못된 것이나, 오늘날 유대교에서는 다른 종교에서와 마찬가지로 자살을 질병의 과정 중 일부로 보는 시각이 있다. 유대교에서도 자살이 규탄을 받지 않는 예외적인 경우가 있다. 구약에서 이스라엘의 초대 왕인 사울은 적의 손에 사로잡히느니 스스로 죽는 것을 택한다.

> 팔레스타인인들은 사울과 그 아들들을 바짝 추격했으며 사울의 아들인 요나단, 아비나답, 말기수아를 죽였다. 사울을 둘러싼 전투가 격화된 가운데 궁수들이 사울을 발견했다. 사울은 절체절명의 순간에 놓였다. 그때 사울이 향사에게 "네 검을 뽑아 나를 찌르거라. 그리하여 저 잔학한 이교도들이 나를 포획하지 못하게 하라."고 말했다. 그러나 두려움에 압도된 향사는 감히 그렇게 하지 못했다. 그러자 사울은 자신의 검을 뽑아 그 위로 몸을 던졌다. 사울이 죽은 것을 본 향사 역시 자신의 검을 뽑아 몸을 던짐으로써 사울과 함께 죽었다.[21]

그러니까 유대교에도 용납할 수 있는 자살이 있는 셈이다.

힌두교와 불교에서는 윤회에 대한 믿음이 자살을 보는

관점에 영향을 미치는 것으로 보인다. 대체로 자살로 죽은 자는 다른 식으로 죽은 사람에 비해 열등한 생명체로 환생하거나, 심지어는 아예 환생 자체가 불가능하다.[22,23]

힌두교에서 허용되는 자살은 자기 자신을 불태우는 것이다. 인도에서는 아내가 자신의 사망한 남편을 화장하는 장작 위로 몸을 던지는 풍습이 있었다. 사티sati라는 이 풍습은 1987년에 금지되었다.[24] 사티는 딱한 '미망인'으로 사는 대신 영적인 성취를 달성할 수 있는 방법이었다.

다른 종교와 마찬가지로 불교와 힌두교는 자살에 부정적이다. 그러나 자살의 해석은 지역과 문화권에 따라 조금씩 차이가 있다.

죽음의 미학

일본에는 사무라이와 막부 문화에서 비롯한 할복이라는 수천 년 된 전통이 있다. 할복이란 오른쪽 복부에 칼을 찔러 넣은 뒤 가로로 그어 내장이 쏟아지도록 하는 행위다. 보통 즉각 사망하지 않으며 탄탄한 복근 탓에 칼을 가로로 긋는 것 자체가 쉽지 않다. 할복은 가장 고통스러운 자살 방법으로 알려져 있으며, 죽기까지 오래 걸릴 수 있기 때문에 '초인적인 정신력과 인내심'을 가진 자만이 해낼 수 있다고 한다.

할복은 항상 일본 외 지역 사람들의 관심을 끌었으며, 이에 대해 다룬 1968년의 책에서 미국인 저자는 다음과 같이 적었다.

> 평범한 서양인의 입장에서 할복이라는 단어는 자기 자신에게 스스로 길고 치명적인 자상을 입힘으로써 초래된 견딜 수 없는 고통을 상기시킨다. 일본인에게 이러한 유형의 자살은 최고의 정신력, 명예 그리고 규율의 현신으로 여겨진다.[25]

일본 문화에서 할복은 고결하며 도덕적인 행위로 비치는데, 이는 자살을 파멸적이며 경멸의 대상이자 질병으로 인한 결과로 보는 시각과 극명한 차이가 있다. 할복은 불교 색채를 띠는 전통 종교인 신토神道와 사무라이가 발전시킨 무사도 정신이 자리한 일본에서 비롯했다. 사무라이에게는 죽기에 적합한 때와 장소를 찾는 것이 삶의 가장 중요한 임무 중 하나다. 가만히 늙어 신체적 기능을 잃어가는 대신 스스로 죽음에 대한 통제권을 갖고 이를 미학적인 의식으로 삼고자 한 것이다. 사무라이는 삶과 죽음 모두에 자율성을 갖고자 했다. 규율, 존엄성, 충성은 강력한 이상이었으며 할복은 이를 드러낼 수 있는 행위였다. 적군에게 사로잡히는 것은 치욕으로 여겨졌으며 이러한 상황에서 할복은 존엄성을 보일 수 있는 한 가지 방식으로 여겨졌다.

일본의 근대화를 촉진하고 주변국에 문호를 연 사람으로 자주 언급되는 메이지 왕이 1912년에 사망하고, 그의 장례 행렬이 도쿄의 황궁을 떠나자 노기 마레스케乃木希典 장군과 그의 부인은 할복 자살했다. 할복으로써 자신이 섬기던 자를 죽음까지 따르는 것은 영원한 충성심의 징표였다.

노기 장군의 할복은 반향을 불러일으키긴 했으나, 오늘날 유명 인사가 자살했다는 소식을 들었을 때와 같은 유의 반향은 아니었다. 대신 그의 할복은 뛰어난 성품, 즉 노기 장군의 희생정신과 충성심을 보여 주는 것으로 비쳤다. 또한 일본인들에게 오래된 사무라이의 이상이라는 향수를 불러일으켰다. 일본의 종교 전통과 맞물려 노기 장군은 성스럽게 죽음을 맞이한 것으로 비친다. 노기 장군과 그의 아내가 배를 가른 도쿄의 부지에는 그들을 기리는 아름다운 신사가 세워져 오늘날까지 관리되고 있다.

오늘날 할복은 낭만화된 신화적 현상이 되었으며, 실행되는 일이 전혀 없다고 해도 무방하다. 그러나 일본의 자살률은 다른 나라에 비해 높은 편이며, 자살을 더 폭넓게 수용하는 현상은 할복이 우상적이며 문화적으로 뒷받침되어 왔다는 점과 연관지을 수 있을 것이다.[26]

제4장

삶을 마감할 권리

✦

어쩌면 홀스트카펠렌의 종잡을 수 없던 행동은
죽음으로써 자기 삶에 대한 통제를
회복하는 것이었을까?

2010년의 어느 아침, 레이프 칼손Leif Carlsson은 출근하기 위해 스톡홀름 스트란드베겐에 있는 아파트 문을 열었다. 그때 복면을 쓴 두 남자가 들이닥쳐 어마어마한 힘으로 그를 아파트 안으로 내동댕이쳤다. 눈앞이 캄캄해졌다. 순간 '총각파티라도 벌어지는 걸까?' 하는 생각이 들었다. 그러나 그럴 리가 없었다. 그는 결혼 계획이 없었다. 칼손은 입이 막히고 어깨가 무릎에 짓눌린 상태로 바닥에 엎드려 두려움에 벌벌 떨었다.

한 남자가 영어로 말했다. "칼손 씨, 얌전히 구는 게 좋을 겁니다. 비명이라도 지르면 아들이 위험해질 테니까요."

칼손은 한층 두려워졌다. 이들은 자신이 누구인지는 물

론이고, 자신에게 아들이 있다는 사실도 명백히 알고 있었다. 그들은 칼손의 손발을 묶고는 침대로 데려갔다. 한 명은 아파트 밖으로 나섰고, 남은 한 명은 복면을 벗었다. 칼손은 살면서 이렇게 근육질인 사람은 본 적이 없었다. 침입자는 무척 위험해 보였으며 그에게 전적으로 협조해야만 살 수 있을 것 같았다. 대체 이자는 무얼 원하는 걸까? 이 사람이 원하는 게 대체 뭐지?

그는 칼손의 돈을 원했다. 칼손은 자신이 가진 전 재산을 주겠다고 했다. 침입자는 웃음을 터뜨렸다. 그자는 전부를 원하는 게 아니었다. 1,200만 크로나면 충분했다. 그런데 문제가 생겼다. 칼손은 주로 회사에서 은행 업무를 처리하기 때문에 집에는 OTP 기기가 없었다. 결국 그 자리에서 돈을 이체할 수 없다는 사실을 알게 되자 남자는 화를 냈다. 칼손은 은행원에게 전화를 걸겠다고 제안했다. 약간의 소동 후 칼손은 긴급한 부동산 거래를 하는 척을 하며 1,200만 크로나를 이체하기 시작했다.

이체에 다소 시간이 걸린 탓에 칼손은 자신의 집 안에 침입자와 함께 갇힌 채 이틀을 보냈다. 이 시기 동안 칼손은 필립 홀스트카펠렌Philip Holst-Cappelen이라고 하는 이 남자가 단순한 범죄자가 아님을 알게 됐다. 단순한 범죄자라는 게 있는지는 모르겠지만 말이다. 그는 칼손에게 자기 이야기를 꺼내며 법정에서 언급하지 않겠다고 맹세하라고 했다. 자신이 노르웨이 사람이며 HIV 보유자라 조만간 죽을 것이기 때문에 무엇도 서슴지 않을 것이라고 말이다.

칼손은 수갑을 차고 있었지만 둘은 칼손의 텔레비전으로 뉴스를 함께 시청했다. 홀스트카펠렌은 칼손이 블랙베리 휴대전화를 가지고 있는 것을 비웃었으며, 자기처럼 아이폰 4S를 구입하라고 했다. 둘은 휴가와 호텔에 관한 얘기를 했으며, 리츠 파리의 풀장에 대해서는 둘 다 아주 훌륭하다며 입을 모았다. 칼손은 이자가 여행을 자주 다닌 사람이라는 인상을 받았다.

홀스트카펠렌은 에릭스 박피카라는 식당에서 음식을 시켰다. 택시 기사가 구운 연어, 앙트레콧, 비프 뤼드베리(감자튀김을 곁들인 스웨덴식 찹스테이크—옮긴이)를 집으로 배달해 주었고, 넉넉히 팁을 받았다. 그는 칼손에게 자신이 음식에 상당히 까다롭다고 말하며 감자튀김에는 손도 대지 않았다. 그는 칼손에게 독주가 있는지 물었으나 그런 것은 없었기에 샤도르네 한 병을 가져와서는 마셨다.

술을 마신 뒤 그는 잠에 빠졌으며 황소처럼 코를 골았다. 반면 칼손은 쉽게 잠에 들 수 없었다. 수갑이 손목을 파고들고 있었다. 홀스트카펠렌은 면도 용구를 가지고 칼손의 집에 온 듯했다. 오랫동안 샤워를 하더니 갈색으로 태닝한 피부에

보디로션을 발랐다.

두 남자 중 한 명이 사로잡힌 채 있는 상황에서 이렇게 말하는 것이 적절한지 모르겠으나, 이렇게 일상적인 순간 사이에는 폭력적인 협박도 있었다. 홀스트카펠렌은 칼손이 무언가 허튼짓을 하기라도 하면 그와 그의 아들을 죽이겠다고 엄포를 놓기도 했다.

마침내 자금이 이체되자 홀스트카펠렌은 코 근처에 숨쉴 구멍을 제외하고 칼손의 얼굴을 테이프로 감았다. 칼손은 질식하게 될까 봐 걱정했으나, 이튿날 홀스트카펠렌이 칼손의 고용주에게 집 주소와 함께 여기에서 긴급한 일이 벌어졌다고 메시지를 보낸 덕분에 산 채로 발견되었다. 칼손이 맨 처음 뱉은 말은 경찰에 연락하지 말라는 것이었다.

이 무렵 필립 홀스트카펠렌은 이미 고급 승용차를 몰고 스웨덴과 덴마크를 잇는 외레순드 다리를 넘은 상태였다. 그는 메르세데스 SL 600을 구입하고 뮌헨 특구에 있는 펜트하우스 아파트를 월세 8,300유로에 임차했다. 그는 아무런 흔적도 남기지 않았으며, 그동안의 공범들과도 전혀 연락을 하지 않았다.

홀스트카펠렌의 공범이라는 사람들도 꽤 특이했다. 홀스트카펠렌의 집사 노릇을 하는 택시 기사에 살메르공과대학에서 박사학위를 취득한 연인도 있었다. 홀스트카펠렌은 한

평생 성공한 부자 남성을 연기해 왔다. 연인이자 공범자들은 그가 컨설팅 기업인 맥킨지앤드컴퍼니에서 근무하고 있으며 석유 거래로 큰돈을 번 것으로 알고 있었다. 또 다른 버전에서는 주식 트레이더가 되어 있기도 했다. 그는 앞서 노르웨이에서 비슷한 유의 범죄로 처벌을 받은 적이 있다. 이때 그는 플라스틱 판타스틱이라고 하는 조직에 가입했는데, 부유한 사람을 갈취하는 전문 집단이었다.

그는 여러 차례 이름을 바꾸었으며 이때 부유한 노르웨이 가문의 성을 택했다. 또 다른 이름으로는 케네스 독스하임, 휴고 마우르스타드, 필립 드 페리에, 룬데 시몬센, 테르예 틴홀트를 사용했다. 그는 가짜 이름으로 살기만 한 게 아니라, 삶 자체가 송두리째 거짓말이었다.

삶 자체가 거짓이었던 남자

1년간 자유인의 신분으로 지냈던 필립 홀스트카펠렌은 스페인 남부의 해안 도시 마르베야의 한 주택에서 체포됐다. 스페인 경찰은 벤틀리 콘티넨털 한 대, 장애인 주차 허가증, 제트스키 두 척, 다이아몬드 목걸이 200개를 압류했다. 그는 심지어 스페인에서도 적법한 사업가인 양 가짜 신원을 만들었다. 홀스트카펠렌은 앞서 그가 남들을 속이고 신원을 만드는 데 활용한 유명한 노르웨이 부동산 업체의 이름을 딴 회사를 설립했다.

홀스트카펠렌이 체포되었을 때 이미 모든 조력자의 신원은 식별된 상태였으나, 이러한 모든 증거에도 불구하고 그는 심문에서 입을 꾹 다물고 있었다. 2,000쪽에 달하는 사전 심리에서 피해자, 공범 혐의자, 그들의 친구 및 옛 애인, 이웃, 보트 판매상, 호텔 직원, 택시 기사, 환전소 직원, 보안요원을 대상으로 한 심리는 끝도 없이 이어졌으나, 정작 필립 홀스트카펠렌을 대상으로 한 심리는 불과 몇 쪽에 불과했다. 모든 심리에서 홀스트카펠렌은 묵묵부답이었다. 심리조사관의 참을성 있는 질문에는 항상 같은 대답, 즉 침묵만이 돌아왔다. 공판에서 본인의 이름을 확인하라는 판사의 요청에도 그는 입을 열지 않았다.

2011년에 판결이 내려졌을 때 그에게 18년의 징역형이 부과되었다. 최대 형량의 두 배에 달하는 수준이었다. 통상적인 경우였다면 항고가 이루어졌을 정도로 무거운 처벌이다. 그의 변호인은 그가 심리와 공판에서 침묵을 지켰기 때문에 형량을 낮출 여지가 적었던 것으로 보았다. 그러나 홀스트카펠렌은 항소하지 않았으며, 결과에 만족한다고 적극적으로 밝혔다. 그의 변호인은 평생 그런 사람은 본 적이 없었다.

그러나 지금까지의 이야기는 앞으로 할 이야기의 서론에 불과하다.

죽음을 향한 단식

홀스트카펠렌은 2018년 7월 19일, 헤르뇌산드 외곽에 있는 살트빅 형무소의 감방에서 죽은 채 발견됐다. 그는 오랫동안 음식을 거부한 끝에 아사했다. 그는 또한 회복하고 싶지도, 병원에 가고 싶지도 않다는 뜻을 분명히 밝혔다.

홀스트카펠렌은 죽음을 향한 단식 기간에 여러 차례 일반의와 정신과 의사 모두의 진단을 받았다. 이들은 홀스트카펠렌의 정신이 온전하다고 보았다. 그의 정신은 명료하고 또렷했으며 정신병적 증상도 없었다. 홀스트카펠렌이 음식을 일절 거부하고 있어 목숨이 경각에 달린 상황이었는데도 의사들은 정신과 치료를 강제할 근거가 없다고 판단했다.

홀스트카펠렌은 이미 몇 년 전에도 단식한 적이 있으며, 법정 정신과 의원에서 장기간 강제 치료를 받은 적이 있다. 그러나 그는 어떤 식으로든 목숨을 끊으려 시도한 적은 없었다. 그저 굶기만 한 것이었다.

형무소에서 수감자가 절박한 압박 수단으로 음식을 거부하는 사례가 없지는 않다. 그러나 굶어서 죽음에 이르기는 쉽지 않다. 음식을 거부한 수감자도 대개 결국에는 음식을 먹기 시작하기 때문이다.

음식을 섭취하지 않고 얼마나 오랫동안 생존할 수 있는지에 대해서는 알려진 바가 있다. 1981년에 벨파스트 외곽의 메이즈 감옥에 수감된 아일랜드 공화국 군인들이 단식투쟁을 벌였던 적이 있기 때문이다. 수감자들은 다양한 완화 조치를 요구했으나 마거릿 대처 수상은 이를 거부했다. 바비 샌즈Bobby Sands는 46일 후 열 명의 수감자 중 처음으로 사망했다. 음식을 섭취하지 않고 가장 오래 생존한 사람은 73일 만에 죽었다.

그런데 홀스트카펠렌은 정말로 죽고 싶었던 걸까? 홀스트카펠렌을 진단한 의사들은 이 사건을 심도 있게 조사했으며, 그가 단식을 통해 정말로 달성하고자 했던 것이 무엇일지 다양한 가설을 세웠다. 한 의사는 그가 사실은 죽고 싶었던 것은 아니라고 주장했다. 그가 실제로 죽고자 했더라면 목숨을 끊는 더 쉬운 방법이 충분히 있었다는 것이다. 또한 그는 죽기 전에 약간의 음식을 섭취했다. 따라서 그의 죽음은 심각한 굶주림으로 인해 판단력이 흐려져 적시에 단식을 끝내지 못한 것이 원인이라고 보았다.

실제로 자살하는 사람 중에 정말로 죽고자 하는 사람은

극히 일부일 것이다. 이들은 당시 겪고 있는 고통을 견디기 어려워서 자살하는 것이다. '일시 정지' 버튼이 있더라면 아마도 많은 사람이 '전원 끔' 버튼 대신 '일시 정지' 버튼을 택했을 것이다. 그러나 죽을 것을 예상하지 못하면서도 무척 위험한 자살 행동을 하는 사람도 있다. 이를테면 알코올이나 약물을 복용한 탓에 자신이 하는 행동의 위험성을 판단할 능력이 없어진 사람을 예로 들 수 있다.

미국 캘리포니아주의 골든게이트 브리지에서 뛰어내렸음에도 생존한 사람들을 연구한 결과, 추락 후 생존한 1~2퍼센트의 대상자 여섯 명 중 세 명꼴로 뛰어내릴 때 생존할 것이라 생각했다고 답했다.[27, 28] 한 명은 심지어 "난 살아남을 거란 걸 알고 있었어요. 골든게이트 브리지에서 뛰어내렸을 때 죽은 사람과 산 사람 간의 차이점이라면, 산 사람은 살고자 하는 의지가 있었다는 거죠. 제 안에는 그런 강력한 의지가 있었고요."라고 확신했다.

또 다른 의사는 홀스트카펠렌이 스스로 무슨 행동을 하는지 이해하고 있었으나 왜 그런 행동을 하는지 답하기는 어려웠을 것이라고 추측했다. 홀스트카펠렌은 자신이 무죄라고 생각하지 않았다. 교도관 중 한 명은 홀스트카펠렌이 형무소에 불만이 있었으며 죽음으로써 형벌의 일부인 시스템을 없애 버리고자 했던 듯하다고 말했다. 남들은 이해할 수 없는 자신만의 상상 속 세계에 갇혀 있는 그에게, 제한된 문제에 대한 완벽한 해결책이 될 터였다.

스웨덴의 소설가 모아 마르틴손Moa Martinson은 1933년에 저술한 첫 소설《여자와 사과나무》Kvinnor och äppleträd에서 "맞아. 자기 목숨을 값진 보석처럼 지키는 감옥에서나 밧줄 쪼가리가 쓰임새를 찾지. 밧줄은 아취가 없는 자살자의 유일한 무기거든."이라고 했다.

정신 질환이 있는 것으로 유명한 아티스트인 카녜이 웨스트Kanye West는 트위터에서 영국 출신 패션 디자이너이자 자살로 삶을 마감한 알렉산더 매퀸Alexander McQueen을 다룬 다큐멘터리를 보고 이런 감상을 남겼다. "알렉산더 매퀸의 다큐멘터리를 보고 내가 그의 여정과 연결되어 있다는 느낌을 받았다. 나도 삶을 내 손아귀로 다시 가져오고자 하는 마음이 어떤 기분인지 안다. 비록 그게 내 목숨을 끊는 걸 뜻할지라도."[29]

어쩌면 홀스트카펠렌의 종잡을 수 없던 행동은 죽음으로써 자기 삶에 대한 통제를 회복하는 것이었을까?

지켜보거나 개입하거나

거의 모든 국가는 사회에서 특정 상황에 정신 질환을 앓는 개인을 대상으로 본인의 의지와 무관하게 조치할 수 있는 법을 두고 있다. 개인을 정신과 병동에 입원시키고 동의 없이 약물 처방을 할 수 있도록 하는 행위는 심각한 인권 침해이다. 바로 이처럼 개인의 온전성에 심각하게 개입하기 때문에 '정신과 강제 치료에 대한 법'(우리나라에는 「정신건강증진 및 정신질환자 복지서비스 지원에 관한 법률」이 이에 해당한다.—옮긴이)은 반드시 필요한 경우에만 활용되어야 한다.

경증의 우울증이나 보통 수준의 불안은 개인의 의지에 반하여 치료를 강행할 수 있는 근거로서 충분하지 않다. 그러나 상태가 극히 심각하여 스스로 자신을 돌볼 수 없거나, 음식을 전혀 먹지 않거나 또는 위험한 방식으로 정신병이 발현되는 경우 강제 치료가 논의될 수 있다. 자살 위험이 높은 경우에도 스스로 목숨을 끊는 것을 방지하기 위하여 강제 치료가 고려될 수 있다. 다만 이 경우에는 동시에 다른 심각한 정신 질환이 있어야 한다.

다시 말하자면 스웨덴에서 스스로 목숨을 끊는 행위는 원칙적으로 허용되어 있으나, 사회에서는 당신이 자살하고자 할 뿐 아니라 이를테면 우울증도 있는 경우에는 강제 조치를 취해서 당신의 자살을 막으려 들 수 있다. 자살하고자 하는 욕구는 많은 경우 심각한 우울증 등의 증상으로 나타나며, 스스로 목숨을 끊을 게 거의 확실한 사람이 개입이 필요할 수준의 심각한 정신 질환을 앓고 있지 않은 경우는 무척 드물다. 보건의료 업계에서는 관행적으로 누군가가 자살을 시도하면 그 사람은 반대되는 증거가 제시될 때까지는 정신 질환이 있는 것으로 간주한다.

누군가가 죽을 위험에 비추어 보았을 때 단기적으로 자유를 제한하는 강제 치료는 일반적으로 수용할 만한 것으로 간주된다. 홀스트카펠렌의 죽음이 허용된 것은 이러한 패턴을 깬 것이다.

그렇다면 홀스트카펠렌이 죽도록 내버려두는 게 옳았다고 할 수 있을까? 무엇보다도 그는 감옥에 있었으므로, 정부에는 동의 없이도 그를 병원으로 이송할 권리가 있었다. 그는 여러 차례 의사의 진단을 받았다. 또한 그는 굶어 죽겠다는 의사를 밝히기도 했다. 마지막으로 진단을 한 의사는 당시 홀스트카펠렌에게 강제로 개입해서는 안 되며 본인이 원하는 대로 하도록 두어야 한다고 확언했다. 그는 여전히 그 판단이 옳았다고 생각한다. 그 의사는 환자가 판단을 내릴 역량이 있고, 법적으로 봤을 때 심각한 정신 질환이 있는 것도 아니고, 본인도 계속 굶을 경우 무슨 결과가 초래될지 알고 있었다고 결론지었다.

홀스트카펠렌은 여러 해 동안 죽고 싶어 했다. 진단에 따르면 정신병이나 심각한 우울증의 징후는 없었다. 중요한 문제는 홀스트카펠렌의 놀랄 만한 단식 사건을 어떻게 볼 것이

냐다. 이러한 행동을 심각한 정신 질환의 징후라고 볼 수는 없을까?

스웨덴 살트빅 형무소에서 근무한 교도관은 홀스트카펠렌의 죽음을 피할 길이 없었다. 이들은 개입할 수 없이 그가 죽어가는 것을 그저 지켜보고 있어야 했다. 당신이라면 동료에게 그렇게 하도록 요청할 수 있는가? 아니면 그런 요청은 합리적으로 고려할 여지조차 없는 문제인가?

정치적 항의의 수단

2001년 9월 11일, 오사마 빈라덴과 알카에다가 연료를 가득 채운 보잉 767 두 대를 납치해 맨해튼의 세계무역센터 빌딩에 충돌시켰을 때, 불길이 치솟은 고층 빌딩의 위쪽으로 수백 명의 사람이 꼼짝없이 발이 묶이게 됐다. 이중 대략 200명이 화염과 연기를 피하고자 건물 아래로 뛰어내렸다.[30] 97층에서 뛰어내리면서도 죽지 않는 기적이 일어나길 바란 사람도 있었을 것이다.

공식 통계 자료에는 그들 모두 피해자로 등재되어 있다. 뛰어내린 사람을 자살자라고 불러야 하는지는 친인척은 물론 대중에게도 민감한 문제였다. 대체로 자살자라고 부르기를 꺼렸으나 사망한 아내에 대해 이렇게 말한 사람도 있었다.

"전 아내가 고통받지 않았고, 가만히 불타 죽느니 자기 의지로 죽음을 택했다는 생각이 듭니다."

이처럼 정신적으로 건강한 사람이 스스로 목숨을 끊는 극단적인 상황도 있다. 대체로, 이 경우와 마찬가지로 더 끔찍한 운명을 피하기 위해 죽음을 택하곤 한다.

자살이 이러한 방식으로 활용되는 가장 일반적인 상황이 바로 조력사다. 적어도 조력사가 합법화된 국가에서는 극심한 고통을 죽을 수 있는 납득할 만한 근거로 보는 듯하다. 조력사로 죽는 모든 사람이 정신 질환을 앓고 있음을 방증하는 것은 전혀 없다.

앞서 언급한 아일랜드 정치범의 단식투쟁은 정신적인 고통과는 전혀 다른 자살 동기가 있음을 보여 준다. 현대에 가장 널리 알려진 정치적 항의의 의미를 담은 자살로는 베트남 승려 틱꽝득Thích Quảng Đức의 사례를 들 수 있다. 그는 1963년 6월 11일, 당시 사이공(오늘날 호찌민)에서 정부의 불교 탄압에 항의하고자 자신의 몸에 불을 붙였다. 불길에 휩싸인 승려의 사진은 널리 알려졌으며, 베트남 전쟁에 대한 서양인들의 여론을 뒤바꿨다.

또 다른 사례로 길거리 행상을 하던 26세 튀니지인 모하메드 부아지지Mohamed Bouazizi를 들 수 있다. 그는 2011년 지역

당국의 괴롭힘에 저항하여 대로에서 분신했다. 이는 '아랍의 봄'의 기폭제가 되었으며, 벤 알리Ben Ali 대통령은 축출됐다. 이러한 극적인 사건은 정신적인 문제로 인해 발생했다기보다는 그 자체로 정치적인 행위로 여겨진다.

제5장

고유하게 인간적인

✦

죽음에 이르게끔 자기 자신을 다치게 하기 위해서는
살고자 하는 본능을 꺾어야 한다.
죽음을 마주할 때의 불안감을 이기고 경계를 넘어서야 한다.
마치 몸이 어떤 대가를 치르더라도
생명을 유지하려고 하는 것만 같다.
몸은 펄떡인다.
우리의 모든 조직은 살고자 하기 때문이다.

존 릴리John C. Lilly는 미국의 의사이자 발명가 겸 정신분석가로, 그 외에도 몇 개의 직함을 더 가지고 있다. 그는 여러 발명품을 만들었는데, 그중에는 염분이 있는 물을 채우고 사람이 들어가는 감각 차단 탱크isolation tank도 있다. 이 탱크 안에 들어가면 감각이 완전히 차단된다. 1949년, 젊은 시절에 그는 바닷가에 떠밀려 온 돌고래 사체를 발견했다. 당시에는 뇌가 클수록 지능이 높을 것이라는 게 일반적인 추측이었다. 돌고래의 뇌를 조사한 그는 그 크기에 깜짝 놀랐다. 심지어 인간의 뇌보다 컸던 것이다. 이를 계기로 그는 돌고래의 정신적 역량을 연구하는 데 관심을 갖기 시작했다.

릴리는 돌고래를 비롯한 다른 동물을 이해하기 위해서

는 사람이 서로 대화하는 것과 비슷하게 동물과 이야기할 수 있는 게 핵심이라고 생각했다. 그는 앞으로 20~30년 내에 사람과 돌고래가 대화를 나누게 되어, 돌고래가 국제연합(UN)에서 정치와 경제에 적절한 조언을 해주는 지위를 얻게 될 것이라고 상상했다.

1963년, 릴리는 카리브해의 도서 지역인 상투메프린시페에서 돌고래에게 영어를 가르치는 실험을 시작했다. 돌고래 피터, 팔레마, 시시는 해안가의 희고 아름다운 별장에 지어진 수족관에서 지냈다. 이곳은 연구자들이 돌고래를 아주 가까운 거리에서 연구할 수 있는 완벽한 환경을 갖춘 곳이었다. 마거릿 하우 러바트Margaret Howe Lovatt가 돌고래를 조련했다. 러바트는 입이 마치 돌고래의 숨구멍처럼 보이도록 얼굴을 칠했다. 그가 "하나, 둘, 셋." 하고 말하면 돌고래 피터가 "삐" 소리를 내며 반응을 보였다. 좋게 해석하자면 마치 러바트가 하는 말을 따라 하는 행동처럼 보였다. 연구자들은 상상조차 불가능했던, 인간이 다른 종과 성공적으로 대화하는 데 한 걸음을 내디딘 걸까?

역사적인 쾌거를 앞두고 연구자들은 엄청난 열의를 보였다. 러바트는 돌고래와의 소통 가능성을 높이기 위해 돌고래 피터와 온종일 생활하겠다고 제안했다. 러바트와 피터의 동거를 위해 별장을 개조했다. 둘은 일주일에 엿새를 함께 보냈으며, 러바트는 수조에 뗏목을 띄우고 그 위에서 잠을 잤다. 일요일이면 돌고래 피터는 다른 돌고래인 팔레마와 시시에게 돌아갔다. 그러나 일주일에 한 번씩 수조를 옮기는 일은 피터에게 상당히 스트레스였으므로 얼마 지나지 않아 피터는 내내 러바트와 함께 지내게 됐다. 얼마 뒤 돌고래 실험이 전 세계적으로 악명을 얻게 된 사건이 발생한다. 한 기사에서 러바트가 피터에게 성적 만족감을 안겨준 일이 다뤄진 것이다. 러바트는 나중에 인터뷰를 통해 "전 그냥 그러도록 내버려뒀어요. 불쾌하지 않았거든요. 너무 '거칠게만' 하지 않는다면요. 약간 가려운 느낌이었죠. 해치우고는 '지나간 일'에 신경 쓰지 않았어요."라고 밝혔다.[31]

그러나 실험은 연구자들이 원했던 방식으로 진행되지 않았다. 다른 연구자들은 돌고래가 영어를 배울 수 있다는 릴리의 발상이 터무니없다고 매도했다. 돌고래가 앵무새처럼 소리를 따라 할 수는 있으나 단어의 의미는 이해할 수 없다는 주장이었다. 존 릴리는 이에 그치지 않고 LSD를 사용한 실험을 시작했다. 그는 돌고래들에게도 LSD를 투여했다. 다만 피터는 예외였다.

연구비는 바닥이 났고 돌고래에게 영어를 가르쳐 UN 고문위원 자리를 주겠다는 릴리의 꿈은 산산조각이 났다. 돌고래 피터는 플로리다주의 수족관으로 이송되었다. 몇 주 후 릴리는 러바트에게 전화를 걸어 돌고래 피터가 자살했음을 알렸다. 돌고래는 인간처럼 무의식적으로 숨을 쉬지 않는다. 돌고래는 수면 위로 올라가 숨구멍을 통해 공기를 들이마셔야 한다. 릴리에 따르면 피터는 스스로 익사했다. 피터의 사육사는 피터가 러바트와 떨어져 지내는 걸 견디지 못한 듯하다고 풀이했다.

돌고래에 대한 릴리의 관심은 피터의 죽음과 함께 사라지지는 않았다. 오히려 그는 주류에서 다소 엇나간 연구를 계속했다. 예를 들어 텔레파시를 이용한 돌고래와 인간 간 소통 등을 연구했다. 이후에는 돌고래 활동가로 전향하여 죽을 때까지 돌고래의 권리를 위해 나섰다.

자살을 한 것으로 널리 알려진 동물의 또 다른 사례로는 어마어마하게 유명한 돌고래 플리퍼가 있다. 플리퍼는 동명의 텔레비전 프로그램에도 출연했다. 엄청나게 지능이 뛰어난 돌고래인 플리퍼는 많은 시청자를 사로잡았다. 프로그램이 종료된 후 플리퍼는 마이애미 시쿠아리움에서 다소 자유가 제약된 상태로 살았다.

플리퍼가 쇠약해지자 돌고래 조련사인 릭 오베리Ric O'Barry가 불려 왔다. 그는 다큐멘터리 〈더 코브: 슬픈 돌고래의 진실〉The Cove에서 "플리퍼는 상당히 우울한 상태였습니다. 느껴질 정도였어요. 제 눈으로 봤죠. 플리퍼는 제 품 안에서 자살

했습니다. (…) 플리퍼는 제 품으로 헤엄쳐 와서는 제 눈을 보고 깊은 숨을 한 번 쉬더니 그 뒤로는 더 숨을 쉬지 않더군요. 제가 플리퍼를 놓아주자 플리퍼는 수조 바닥으로 곧장 가라앉았습니다."라고 말했다.[32]

릭 오베리 역시 존 릴리와 마찬가지로 활동가가 되어 돌고래를 가두어서는 안 된다고 주장했다. 이들의 막대한 헌신에도 불구하고, 돌고래에게 실제로 무슨 일이 벌어졌는지에 대한 의문은 가시지 않는다. 돌고래가 의식적으로 호흡을 멈추고 익사하기로 선택했는지 인간이 어떻게 알 수 있단 말인가? 그저 자연사했거나 아파서 바닥으로 가라앉았던 것은 아닐까?

극지방에 사는 자그마한 설치류 동물인 레밍은 자살을 하는 것으로 알려져 있다. 그것도 집단 자살을 한다고 말이다. 벼랑 위에 운집한 레밍 떼가 확실한 죽음, 바다를 향해 몸을 던지는 순간을 포착한 영상은 유명한 디즈니 제작 다큐멘터리 〈화이트 와일드니스〉White Wilderness 덕분에 널리 알려졌다. 이 다큐멘터리에서는 레밍이 수수께끼 같은 집단 자살을 감행한다. 나중에 밝혀진 바로는 영상 제작자가 직접 레밍을 바다로 던진 것으로 확인됐다. 그러나 레밍이 물에 몸을 던지는 현상에 대한 자연스러운 설명도 있다. 레밍은 수영을 할 줄

안다. 레밍의 개체 수는 4년에 한 번씩 급증하는데, 이때 일부가 서식지를 옮기며 물에 뛰어든다.

신이 존재하지 않는다든가 동물은 결코 자살하지 않음을 입증하는 증거는 없다. 그러나 만일 동물이 인간과 비슷한 빈도로 자살한다면, 이에 대한 보고가 여러 건 있을 것이다. 또한 앞서 언급한 돌고래의 사례보다는 관심을 덜 끌 것이다. 일례로 현재 지구상에는 300억 마리 이상의 닭이 있으며 미국에만 개 7,700만 마리, 고양이 5,800만 마리가 있다.[33] 만약 동물의 자살이 흔한 일이었다면 항상 동물의 자살을 목격할 수 있을 것이다.

인간의 조건

동물이 할 수 있는 행동에 자살은 포함되지 않는 것으로 보인다. 또한 자살을 할 수 있으려면 발달을 마친 인간의 뇌가 필요하다. 10세 미만 아동에게서 자살은 극히 드문 일이기 때문이다. 스웨덴에서 지난 25년 동안 10세 미만 아동이 자살한 사례는 불과 몇 건에 그친다. 또한 현저한 지능 장애가 있는 사람도 자살하지 않는 것으로 보인다.

종합하면, 인간에게 자살을 촉발하는 무언가가 있음을

시사한다. 왜일까? 인간 뇌의 발달 과정을 이해하면 그 실마리를 찾을 수 있다.

40억 년 전, 지상에 처음으로 생명체가 등장했다. 그로부터 30억 년 이후에 진화가 발생하면서 다세포 유기체가 생겨났다. 이 다양한 세포는 모두 동일한 유전자 코드를 보유하고 있었다. 유기체가 성장함에 따라 신경세포가 형성됐다. 신경세포에는 긴 끈이 있어 자기보다 훨씬 몸집이 큰 유기체를 조종할 수 있었다. 자연선택을 통해 유기체의 유전자에 변화가 생겨났으며, 5억 년 전에 처음으로 척추동물이 등장했다. 포유류는 2억 년 전에 등장했다.

1984년, 케냐 북부의 투르카나호수에서 알려진 것 중 가장 오래된 인류의 유해가 발견됐다. 소위 투르카나 소년으로 알려진 이 유해는 150만 년 전의 것으로 확인되었다. 가느다란 골반과 긴 팔다리로 미루어, 몸집이 큰 다른 원숭이와는 달리 두 발로 걸어 다녔을 것으로 보인다. 아직 복잡한 사회구조는 존재하지 않던 시기로, 투르카나 소년은 매장조차 되지 않은 것으로 추정됐다.

그로부터 수십만 년에 걸쳐 다양한 역량이 싹텄다. 인류는 불을 다루는 법을 익혔는데, 이를 위해서는 협동이 필요하다. 또 서로 가까이에서 몸을 따듯하게 유지하기 위해 사교성이 필요하게 되었다. 불로 음식을 조리함으로써 영양 섭취가 증가함에 따라 불과 0.5리터에 불과했던 인류의 뇌는 세 배가량 커졌다. 전에는 죽은 동물을 먹고 살았으나 이제는 수렵 생활로 바뀌면서 한층 복잡한 의사소통과 사회적 협동이 요구되었다. 이러한 역량은 밭을 갈고 가축을 치기 시작하면서 더욱 발전해 나갔다.

호모 사피엔스Homo Sapiens의 초기 삶과 관련해 이루어진 가장 매혹적인 발견은 모스크바 외곽의 무덤에서 나왔다. 이 무덤에는 성인 남성과 아이 둘이 매장되어 있었다. 무덤은 오커(페인트나 물감의 원료로 쓰이는 황토—옮긴이), 매머드의 엄니, 수백 개의 북극여우 이빨로 장식되어 있었다. 이 무덤은 기원전 3만 년쯤의 것으로 추정된다.

이 무덤은 그 옛날에도 상당히 진보한 사회적 구조가 있었음을 보여 준다. 묻힌 남성은 아마도 지위가 높았을 것으로 추정된다. 무덤의 장식품들은 만드는 데 대략 1만 시간이 걸렸을 것으로 보인다. 장인 정신이 두드러지기 시작했으며 일종의 종교적인 의식이 발달하기 시작했을 것이다.

사피엔스의 뇌

인류가 발전함에 따라 자아 성찰 등 인지 능력 역시 발달했다. 또한 미래를 상상할 수도 있게 되었다. 우리는 다른 사람들 그리고 우리 자신이 기대하는 바에 미루어 우리에게 어떤 일이 벌어질지를 예상하게 되었다. 이는 자각적 의식[34]이라고 하는데, 영화, 문학, 연극은 물론 세상에 존재했던 모든 거짓말의 토대를 형성했다.

우리는 의미를 감각하고, 이웃의 멋진 집을 보며 질투를 느끼고, 원하는 대로 되지 않았을 때 씁쓸함을 맛본다. 우리는 또한 우리의 필멸성을 이해할 수 있다. 신체적인 고통과 정신적인 고통은 우리를 위험으로부터 보호해 주며, 우리가 생존하는 데 무척 중요한 역할을 한다. 그러나 끔찍한 고통과 인간의 필멸성을 이해할 수 있는 능력이 맞물리면 자살의 가능성이 열리게 된다.

인간이 믿고 싶어 하는 것과는 무관하게, 연구에 따르면 동물이 필멸성이라는 개념을 이해한다는 증거는 없다. 동물은 필멸성이 무엇인지 모르더라도 별 탈 없이 살 수 있다. 그럼에도 동물은 위험과 죽음을 회피하고자 한다. 인간에게 있어, 발달한 호모 사피엔스의 뇌란 스스로 삶과 죽음을 택할 수 있음을 의미한다. 우리는 죽음이 존재함을 이해한다. 개인에게 죽음이란 자아의 소멸을 뜻한다. 우리는 자살이라는 개념도 이해할 수 있다. 자살이란 어떻게 보면 뇌에서 언어, 기호, 추상화, 가정假定이라는 환상적인 기능을 발달시킴에 따라 인간이 지불해야 하는 대가이기도 하다.

생명의 역사를 하루 24시간에 비유하자면, 인류는 이러한 인지 능력을 단 1분 만에 획득한 셈이다. 뇌가 인체에서 차지하는 무게는 약 2퍼센트에 불과하나 인체 에너지의 20퍼센트, 혈당의 거의 절반을 소모한다. 신생아의 경우 상대적으로 머리가 크기 때문에 출산 시 위험이 발생하지만 인간의 뇌는 그만한 가치가 있다. 이러한 뇌 덕분에 인류의 지능은 역사적으로 앞선 시기와 비교했을 때 완전히 새로운 차원에 놓여 있기 때문이다.

그러나 네안데르탈인도 뇌가 컸으며, 인간보다 더 큰 뇌를 가진 돌고래를 대상으로 한 존 릴리의 실험이 실패로 돌아갔다는 사실에 미루어 크기만이 중요하지는 않음을 알 수 있다. 인류의 새로운 능력은 더 큰 전두엽과 후두엽, 새로운 유형의 신경세포와 새로운 두뇌 구조를 필요로 한다. 오늘날 인류가 지구를 지배한 방식은 이러한 뇌의 변화가 상상조차 하지 못할 힘을 가지고 있음을 방증한다고도 할 수 있다.

오늘날 인류의 총무게는 지구상 모든 포유류를 다 합친 무게보다 10배는 더 나간다. 인류와 유전적으로 가장 가까운 동물인 침팬지는 수만 마리에 불과하나 인류는 수십억 명에 이른다. 침팬지는 인류에게 밀려난 멸종위기 동물이 되어 아프리카의 일부 지역에서만 서식한다. 반면 인간은 어마어마한 적응력을 보이며 얼음으로 덮인 그린란드는 물론 절절 끓는 사막에서도 살 수 있다. 인류를 위협하는 유일한 종은 바로 우리 자신이다.

자살의 진화론적 해석

자살은 명백히 진화에 대치된다. 진화에서는 모든 세포의 유전자 코드가 후대로 이어지기 위해 자연선택을 통해 다듬어진다. 진화의 관점에서 보면 자연적인 죽음조차도 문제가 된다. 죽음으로 인하여 유전자가 다음 세대로 이어질 것이라는 모든 희망이 사라지기 때문이다. 자살은 어떻게 보면 죽음보다 더 나쁜데, 역사적으로는 물론 오늘날에도 유족에게 다양한 형태의 처벌이 가해지기 때문이다. 이 탓에 해당 유족이 번성할 기회가 영향을 받는다. 진화는 왜 자살처럼 파괴적인 현상을 인류에게 남겨 둔 것일까?

자살 성향이 있는 많은 사람이 생각하기에 직관적인 이론은 짐스러운 사람을 없애기 위해 자살이 존재한다는 것이다. 다시 말해 특정 개인이 사라지는 게 어떤 식으로든 이득이 된다는 이론이다.

찰스 다윈은 《인간의 유래와 성선택》The Descent of Man, and Selection in Relation to Sex에서 다음과 같이 적었다.

> 윤리적 성품과 관련하여 가장 나쁜 기질을 일부 제거하는 것은 항상 이루어져 온 것으로써, 이는 오늘날 가장 문명화된 국가에서도 마찬가지다. 악한은 그들의 나쁜 성품을 자유롭게 전이할 수 없도록 처형되거나 장기간 수감된다. 우울하고 제정신이 아닌 사람들은 구속되거나 자살한다.

심각한 우울증을 겪는 사람들은 종종 자신이 없어지면 남들이 더 잘 지내리라고 생각한다. 그러나 이 이론에는 명백한 약점이 있다. 자살은 대개, 다윈의 표현을 따르자면 '제거' 되었을 때 얻을 수 있는 진화적 이점이 거의 없는 것으로 보이는 젊은 재원에게서 발생한다. 진화적 관점에서 보았을 때 더 큰 집단의 이득을 위해 소수가 죽어야 한다는 측면도 단점이다. 자살은 완전히 죽어 더 이상 남을 도울 수 없게 되기 때문이다. 이러한 결과가 남들에게 이득인지는 더욱 불분명하다. 순전히 진화 측면에서 보았을 때 썩 좋지 못한 거래이다. 다른 사람의 짐을 덜어 주기 위해 자살이 존재한다면 동물은 왜 스스로 목숨을 끊지 않는가?

자살 행동이 협상의 한 방식이라는 또 다른 이론도 있다. 자살하겠다고 위협하거나 자살을 시도하는 행위는 자원을 놓고 협상할 때 이점을 제공하며, 이때 자살을 통한 죽음은 부차적인 결과인 셈이다.[35] 이 이론은 자해하는 사람은 그저 관심을 받고 싶어 할 뿐이라는 편견을 가진 사람들에게 공감을 얻는다. 그러나 이 이론도 역풍을 맞고 있다. 역사적으로 자살 시도는 이점을 제공하기는커녕 오히려 정반대로 자살 시도에서 생존한 사람과 그 친인척에게 심각한 영향과 사회적 배제를 초래했다.

다시 말해 인류가 스스로 목숨을 끊을 수 있는 능력이 진화 과정에서 선택될 정도로 생존에 이득이 된다는 주장을 뒷받침할 명쾌한 이론을 찾기란 어렵다. 인간에게는 진화의 부산물로 발현된 몇 가지 특질이 있다. 자살 역시 선별된 특질이라기보다는 다른 특질이 발현됨에 따라 부차적으로 발생한 것이라고 볼 수 있다. 일례로 인간은 직립보행을 시작하면서 허리 통증을 얻게 되었다. 그러나 네 발을 이용해 걷지 않게 됨으로써 얻은 이득이 훨씬 크기 때문에 단점을 압도한 것이다.

생명의 항거

삶을 포기할 가능성은 우리 모두를 이어 주는 요소다. 자살을 둘러싼 금기를 통해 모든 문화권에서 자살의 흔적을 찾아볼 수 있다. 자살은 전 세계의 모든 초기 문화에 퍼져 있기 때문에, 약 5만 년 전 호모 사피엔스가 아프리카에서 나오기 전부터 존재한 현상일 것으로 추정된다. 죽은 이의 입장에서 죽음보다 고통이 없는 상태란 존재하지 않으며, 모든 사람이 제각각의 삶 속에서 고통스러운 순간을 맞이하기 때문에 어째서 모든 사람이 '전원 끔' 버튼을 사용하지 않는지 의문이 들 수 있다. 거의 대부분의 사람이 어떤 식으로든 목숨을 끊는 것을 생각한 적이 있으며, 많은 사람이 자살 관념을 경험하지만 실천에 옮기지는 않는다.

인류 역사에서 자살의 출현은 자살에 반대하는 메커니즘을 수반했을 것이다. 만약 자살이 과도하게 만연하면 모두 절멸하게 될 터이니 말이다. 그렇다면 우리가 자살하지 않도록 막는 것은 무엇일까?

진화가 작동하기 위해서는 두 가지 요소가 필요하다. 첫째는 변이, 즉 모든 인간 개체가 서로 달라야 한다. 둘째는 시간이다. 시간에 따라 자연선택이 이루어지며, 다음 세대로 이어질 유전적 변이의 선택에 따라 인류의 종이 바뀌게 된다. 진화는 사상이나 이데올로기가 아니라는 중요한 점을 강조하고 싶다. 진화는 생각을 하지 않으며, 거기에는 어떠한 목적도 없다. 진화는 마치 중력으로 인해 사과가 떨어지듯 그저 존재할 따름이다. 진화의 단 한 가지 유의미한 점을 꼽자면 만약 인간이 어느 시점에서든 자살할 수 없게 되려면 죽음의 존재를 이해할 수 없는 덜 유능한 존재로 퇴화해야 하리라는 것이다. 이 경우 인류는 자살로부터 보호를 받을 수 있겠으나 근본적으로 덜 지적인 종이 되어야 한다는 막대한 대가를 치러야 한다.

인간은 진화 과정에서 자살 관념을 통제하기 위한 일련의 메커니즘을 체화했다. 예를 들어 우리는 우리가 느끼는 정신적인 고통에 익숙해지며 그와 더불어 살아갈 수 있다. 심리학 용어로는 이러한 현상을 '습관화'라고 한다. 우리는 스스로 고통에서 비켜나게 할 수 있다. 고통 속에서 의미를 찾을 수 있으며, 고통이 존재하는 맥락을 파악할 수 있다. 고통에도 불구하고 살아가는 의미를 찾을 수 있는 것이다.

자살 관념이 들 때 대개 기력을 잃는다는 사실은 또 다른 방어 기제라고 할 수 있다. 이 경우 우리는 우울증을 경험할 때와 비슷한 수준의 무기력함을 겪기 때문에 무슨 일을 하기 위한 힘을 끌어모으는 데 어려움을 겪는다. 이로 인해 자살을 계획하고 실행하기가 쉽지 않다. 몇몇 환자가 항우울제를 복용하여 기분이 나아져 스스로 목숨을 끊기에 충분한 기력을 모으기도 한다는 사실은 정신과 의사들 사이에서는 잘 알려져 있다.

인간이 자살을 통해 삶을 내팽개치는 게 쉽지 않은 것은 자명하다. 아우슈비츠 수용소의 수감자들 역시 더 이상 고통을 받지 않기 위해 죽고자 전기 울타리에 몸을 던지지 않았다. 일부 수감자는 그런 행동을 했으나, 대부분은 그렇게 하지 않았다.

우리는 인내심을 가지고 장기적인 관점에서 생각할 역량을 가지고 있다. 순간 속에서 다양하게 나타나는 고통을 초래하는 것들을 헤쳐 나갈 힘도 있다. 출산이나 마라톤 훈련을 생각해 보라. 고통스러운 질병과 처치를 견디는 것도 그렇다. 고독과 거절당하는 경험을 견디고 전쟁에 처하더라도 버텨낸다. 캄캄한 터널 속에서 빛을 찾아낼 수 있는 이 역량은 우울증에 시달리며 자살 위험에 처한 사람에게서는 대체로 찾아볼 수 없다. 그곳에는 빛이 한 줄기도 없다. 고통은 무한한 듯 느껴진다.

스스로 목숨을 끊는 게 간단하다고 생각할 수도 있다. 모든 게 절망적이고 무의미하다면 다리에서 뛰어내리기만 하면 될 게 아닌가? 하지만 실상은 그렇게 간단하지 않다. 나는 의과 교육을 받을 때 처음으로 남의 피부에 메스를 들이대는 게 얼마나 어려웠는지 생생히 기억한다. 마치 그런 행동을 하지 못하게끔 붙잡는 힘이 있는 것처럼 느껴졌다.

죽음에 이르게끔 자기 자신을 다치게 하기 위해서는 살고자 하는 본능을 꺾어야 한다. 죽음을 마주할 때의 불안감을 이기고 경계를 넘어서야 한다. 목을 매는 것도 어렵다. 밧줄이 끊어지거나 패닉에 빠져 도와달라고 외칠 수도 있다. 약을 먹어도 죽지 않을 수 있다. 스스로 베어도 충분히 깊게 베지 못한다. 마치 몸이 어떤 대가를 치르더라도 생명을 유지하려고 하는 것만 같다. 몸은 펄떡인다. 우리의 모든 조직은 살고자 하기 때문이다.

제6장

자기 죽음에 대한 통제

✦

그는 삶에 대한 권리와 마찬가지로 죽음에 대한 권리도 있다며,

이 역시 기본적인 인권이라고 주장했다.

그는 자신의 조력으로 사망한 사람들이

안락하게 죽음을 맞이했다고 말했다.

이들은 또한 자신의 죽음에 통제권을 행사했다.

통제권은 이들이 살면서 경험해 보지 못한 것이기도 했다.

오스트레일리아 퍼스의 식물학과 교수인 데이비드 구달David Goodall은 1979년에 은퇴했으나, 여느 수많은 교수와 마찬가지로 강단을 떠나고 싶어 하지 않았다. 대신 무보수로 계속 강의를 했다. 102세가 되었을 때 구달은 대학과 마찰을 겪게 된다. 대학에서 그의 연구실을 회수하고자 했기 때문이다. 당시 그는 30년 이상 연금을 수령하던 중이었다. 104세 생일 기념 인터뷰 자리에서 구달은 "이 나이가 되었다는 게 정말로 슬픕니다. 20~30년 정도 더 젊었더라면 좋았을 텐데요."라고 말했다.

그렇다면 구달은 즐거운 생일을 보냈을까?

"아뇨, 저는 행복하지 않습니다. 저는 죽고 싶죠. … 딱히 슬프거나 하지도 않습니다. 죽지 못하게 가로막는 게 있더라면 슬프겠지요."[36]

구달은 조력사를 신청했을 때 죽을병을 앓고 있지 않았다. 그의 삶의 질은 104세면 충분히 살았다는 생각이 들 정도로 낮아져 있었다. 그는 진심으로 죽고 싶어 했고, 오스트레일리아에서는 안락사가 금지되어 있었기 때문에 2018년에 도움을 받기 위해 스위스의 라이프 서클 클리닉Life Circle Clinic을 찾았다. 그는 같은 해에 목숨을 끊고자 했으나 실패했고, 그 이후 조력사 단체의 회원으로 등록했다. 죽고자 하는 구달의 바람은 상당한 연민을 불러일으켰으며, 스위스까지 비즈니스 클래스를 타고 이동할 수 있도록 크라우드펀딩이 이루어지기도 했다.

죽기 하루 전날, 구달은 바젤에서 기자회견을 열었다. 그는 'Aging disgracefully'(추하게 나이 먹기)라는 문구가 인쇄된 셔츠를 입고 등장했다. 그의 죽음이 임박했다는 소식은 상당한 뉴스거리가 되었으며, 많은 기자가 참석했다. 마지막 음악으로 어떤 곡을 선택하겠냐는 질문이 나왔다. 그는 잠시 머뭇거리더니 "루트비히 판 베토벤의 9번 교향곡"이라고 답했다. 그러고는 프리드리히 실러의 〈환희의 송가〉를 토대로 한 4악장을 크고 맑은 목소리로 불렀다.

환희여, 신들의 아름다운 불꽃이여

엘리시온의 딸이여

우리는 불에 취해

신성한 그대의 성소에 드네!

깜짝 놀란 기자들은 박수갈채를 보냈고, 구달은 환하게 미소를 지어 보였다.

구달은 친인척이 자신의 자살을 막기 위해 설득하려 들지 않았느냐는 질문도 받았다. 실상은 그 반대였다. 친인척은 죽고자 하는 그의 바람에 지지를 보냈다. 안타깝게도 오스트레일리아 법 때문에 스위스까지 고된 여행을 해야 했으나, 여정 자체에도 나름의 장점이 있었다고 말했다. 그의 자식과 손자들이 전 세계에 흩어져 살고 있었기 때문에 마지막으로 유럽에서 모여 만날 수 있었다는 것이다.

구달은 "집에서 자연사했다면 작별 인사를 할 수 없었을 겁니다."라고 말했다. 생의 마지막 순간의 하루 전날이 최악의 날은 아니었다는 것이다.

이튿날 그는 죽기 위한 약물을 투여받으며, 자식과 손자들에게 둘러싸여 〈환희의 송가〉가 울려 퍼지는 순간에 눈을 감았다. 그는 연구를 위해 신체를 기증하고자 했으며, 무덤도 추도식도 원치 않는다는 뜻을 남겼다. 그는 이번 삶 이후에 무엇이 더 있으리라 믿지 않았다.

평범한 자살과 달리 구달의 사망은 대부분 사람에게 비극으로 기억되지 않았다. 친인척들도 이 일로 트라우마를 겪지 않았다. 구달이 왜 죽음을 택했는지도 의아해하지 않았다. 그 이유로는 구달이 104세였다는 점을 들 수 있다. 이미 그는 대부분의 사람보다 오래 살았으며, 그가 수액의 마개를 열어 치명적인 약물이 주입되고 심장이 마지막으로 한 번 뛰기까지 남은 생이 그다지 길지 않았던 것이다.

나는 조력사라는 개념을 다소 단순화하여 사용하고 있다. 물론 동일한 뜻을 가진 다양한 용어가 국가에 따라 다양하게 활용되고 있다. 미국에서 안락사euthanasia는 나치 시절을 연상케 하는 개념이지만 벨기에와 네덜란드에서는 대체로 이 용어를 사용하고 있다. 미국에서는 '의학적 조력 사망'Medical assistance in dying 또는 '품위 있는 죽음'Death with dignity이라는 표현을 더 일반적으로 사용한다.

그렇다면 조력사와 자살은 같은 걸까? 조력사가 합법이며 일반화된 국가의 사람들과 이야기를 나누었을 때 대체로 자살과 조력사는 전혀 다르다는 반응이 맨 먼저 돌아왔다. 자살은 극도로 부정적인 뉘앙스의 단어로, 조력사를 원하는 사람이라면 아마도 피하고자 할 것이라고 답했다. 조력사는 분명 의도적으로 삶을 마감하는 것이나, 그럼에도 그 둘은 다르다고들 했다. 가장 주된 차이는 그 '이유'에 있다.

스위스 조력사 클리닉에서 생을 마감한 한 여성은 아래와 같이 적었다.

> 자살을 하는 사람은 절망적인 상황에 놓여 있다. 그들은 고통스러운 삶을 산다. 그들은 그저 삶을 살아가는 것을 견뎌 낼 수가 없다. 나는 자살을 시도하려는 것이 아니다. 나는 내 삶을 저버리고자 하지 않는다. 만약 자살을 다르게 정의한다면 아마도 내가 자살한다고도 할 수 있을 것이다. 자살이라는 단어에 함축된 의미는 정말이지 불행하다.[37]

고통과 평안 사이에서

2016년 3월 22일, 벨기에의 브뤼셀 공항의 출발층에서 열일곱 살 샨티 드 코르테Shanti De Corte는 친구들과 로마로 수학여행을 떠나기 위해 대기 중이었다. 공기 중에 웃음소리와 기대감이 떠돌고 있었다. 어쩌면 누군가는 여권을 잘 챙겼는지 한 번 더 확인했을 것이다. 그때 갑자기 멀리 떨어진 곳에서 '쿵' 하는 소리가 들렸다. 코르테는 누가 가방이나 뭔가를 떨어뜨렸을 것이라고 생각했다. 그러나 그 직후 훨씬 크게 '쿵' 소리가 났다. 곧이어 불꽃이 튀고 천장 일부가 무너져 내렸다. 코르테는 본능적으로 친구들로부터 떨어져 내달렸다. 코르테는 나중에 이 행동을 자책하게 된다.

이슬람 국가 출신의 자살 특공대 두 명이 대규모 조직 공격의 일환으로 출발층에서 자기네 가방을 터뜨린 것이다. 그로부터 몇 시간 후, 또 다른 자살 특공대가 지하철에서 자폭했다. 공항에서 16명이 사망했으나 코르테는 다친 곳 없이 무사했다.

공격이 있고부터 몇 주 후 코르테는 안트베르펜의 정신과 병원에 입원한다. 그녀는 우울증과 외상후스트레스장애(PTSD) 진단을 받았으며 여러 약물을 복용한다. 코르테는 테러 공격이 있기 전에도 정신과에 방문한 적이 있다. 그녀는 여러 차례 내원해 긴 시간을 보내게 됐다.

2018년 12월, 코르테는 네덜란드 일간지 〈알거멘 다그블라트〉Algemeen Dagblad와 인터뷰를 했다. 코르테는 기분이 나아졌으며 공항에서 공격 기일에 추도식에 참석하기도 했다고 밝혔다. 코르테는 그렇게 하는 게 스스로에게 도움이 될 것이라 여겼으나, 이튿날 그녀는 자살을 시도했다. 코르테는 테러 공격으로 인한 열일곱 번째 희생자가 될 뻔했다. 그러나 코르테는 공격자들에게 희생자 수를 더 늘려 주고 싶지 않았다.

인터뷰를 통해 코르테는 그간 얼마나 힘들었는지와 더

불어 그럼에도 희망을 발견했다고 밝혔다. 코르테는 기분이 나아졌으며 자기 이야기를 하고 싶어 했다.

희망찬 인터뷰를 마치고 2년 뒤, 코르테는 다시 자살을 시도했다. 벨기에의 조력사 단체인 레이프(LEIF)에도 연락하여 안락사 의사를 밝혔다.

벨기에는 정신병 환자에게 조력사를 허용하고 있다. 다만 인가를 받기 위해서는 법에 따른 여러 요건을 충족해야 한다. 안락사를 원하는 사람이 직접 서면으로 신청해야 하며, 외압 없이 자발적으로 신청이 이루어져야 하고, 충분히 숙고하여 준비를 거쳐야 한다. 또한 투약 중이며 개선의 여지가 없다고 판단되어야 한다. 정신적인 고통은 지속되어 견딜 수 없는 상태이며 처치를 통해 완화할 수 없어야 한다. 또한 이러한 고통은 심각하고 치유할 수 없는 정신적인 질환으로 인한 것이어야 한다.

코르테의 첫 번째 요청은 거절되었으나, 2022년 3월에 다시 신청했다. 안락사는 2022년 3월 20일로 정해졌으며, 주치의인 쿠엔 페르호프스타트가 안락사를 이행할 예정이었다. 그러나 바로 전날 누군가가 경찰에 아직 남아 있는 처치술이 있다는 취지의 연락을 취하는 바람에 취소되었다. 코르테는 급격히 악화된 상태로 다시 정신과에 입원했다. 그러나 2022년 5월 7일, 코르테는 친인척이 곁을 지킨 상태로 죽음을 맞이했다.

코르테의 죽음은 이윽고 벨기에의 방송국에서 르포르타주로 다루었다. 코르테의 엄마인 마리엘르와 형제인 토마스가 인터뷰를 했다. 마리엘르와 토마스는 속상해했는데, 코르테가 의사에게 죽음을 당했다는 이유가 아니라 안락사가 3월에서 5월로 지연되면서 코르테가 더 많은 고통을 받았다는 점 때문이었다.

마리엘르는 "샨티에게 경찰 신고 얘기를 할 땐 정말이지 끔찍했어요. 샨티가 쓰러지는 바람에 응급실에 가야 했죠. 더는 문병도 받고 싶어 하지 않더군요. 마지막 날을 서로 감사하며, 작별 인사를 하고 같이 뭔가를 하면서 보내는 대신 갑자기 샨티가 또 사라져 버리게 된 셈이었어요."라고 말했다.

토마스는 "그걸 신고한 사람은 자기가 저희한테나 샨티에게 무슨 짓을 하고 있는지 생각조차 하지 못했겠죠. 그 사람 때문에 이렇게나 많은 사람이 더욱 고통을 겪어야 했습니다. 다들 자유와 평안을 갈구하고 있었는데 말이에요."라고 덧붙였다.

마리엘르와 토마스는 여느 자살 유족과는 달리 인터뷰 내내 동요하지 않았다. 침착하고 이성적인 태도를 유지했다. 코르테의 안락사 덕분에 평안을 찾은 듯했다.

조력사를 시행한 의사 쿠엔 페르호프스타트는 코르테의

마지막이 다소 가치가 퇴색했다고 말했다. "샨티는 경찰 신고 때문에 6주나 더 고통을 받아야 했습니다. 가족이 이러한 상황을 겪어야 했다는 것에 분통이 터지더군요. 법은 법이니, 의사가 신고에 질겁해야 하는 상황에도 화가 났고요. 조력사를 반대하는 사람은 법을 받아들여야만 합니다. 그렇지 않으면 원리주의를 내세울 수밖에 없어요. 모든 사람에게 그것[안락사]을 하지 않을 권리가 있습니다. 하지만 법에 정해져 있는 내용은 존중해야 합니다. 이 경우에는 법을 온전히 준수했습니다."[38]

죽음을 바라는 자식을 지지하는 어머니의 모습을 지켜보는 것은 개인적으로 상당히 동요가 인다. 엄마와 아빠는 무릇 자식을 위해 싸우고, 보살피고, 기저귀를 갈아 주고, 자전거 타는 법을 알려주고, 돌봐 주고, 자라는 걸 지켜보고, 낙담할 땐 응원해 주고, 집에 오지 않을 땐 찾아 나서고, 십 대가 되어 파티에 참석할 땐 걱정하기 마련이 아닌가. 이후 남은 삶을 살면서 자기 자식을 직접 묻는 일이 없길 바랄 뿐이다. 매 순간 대가를 치르는 삶. 그게 부모됨의 기본 조건이다. 내 자식이 살아가도록 하는 것 말이다. 이러한 조건을 자발적으로 포기하는 부모가 있다고는 쉽게 믿을 수 없을 것이다.

그 애의 마지막 순간에

체크무늬 셔츠를 입고 흰 모자를 쓴 젊은 여자가 약간 흔들리는 카메라를 바라보고 있다. "안녕, 전 에밀리예요. 24세이고 벨기에 사람이죠. 이 다큐멘터리는 정신적인 고통 때문에 안락사를 신청한 내 얘기를 담고 있어요. 아마 여러분이 이 다큐멘터리를 볼 때면 난 이미 이 세상에 없겠죠."

내레이션이 이어진다. "그는 겉보기에는 신체적으로 건강한 젊은 여성으로, 사랑이 넘치는 가족과 친구들이 있습니다. 에밀리에게 삶에 부족함이란 없어 보입니다."

그러나 그다음 장면에서 에밀리는 바닥에 앉아 있다. 비쩍 마르고 창백한 에밀리의 팔에는 상처가 가득하다. 에밀리는 말을 잇는다. "모든 게 다 지긋지긋해. 마치 그 무엇도 더는 내게 와닿지 않는 것처럼 느껴져. 마치 내가 내면에서 죽어 버린 것 같아. 난 거짓된 삶을 살고 싶지 않아. 나도 애썼어, 정말이야. 그런데 안 되더라. 내가 뭘 하든 텅 빈 것처럼 느껴져. 의미가 없고, 또…." 에밀리는 두 팔을 축 늘어뜨린다. 더 이상 아무런 희망도 없다는 듯이.

〈24세, 죽을 준비가 된〉24 & ready to die에서 우리는 에밀리가 겪는 과정을 따라간다. 의사와 진행 과정에 관한 실무적인 얘기를 하는 마지막 상담까지. 영상은 객관적으로 흘러간다. 바늘을 찌른다. 이때까지도 거부 의사를 밝힐 수 있다. 번복하더라도 괜찮다. 말을 바꾼다고 해서 누구도 당신을 탓하지 않는다. 그런 다음 당신을 사라지게 할 마취제를 주입한다. 이제 당신은 정신이 혼미한 상태로 더 이상 번복할 수 없다. 그런 다음 당신을 죽게 할 물질이 주입된다. 5~10분이면 끝난다. 에밀리는 동의의 뜻으로 고개를 끄덕인다. 이러한 정보를 이해했음을 밝힌다.

에밀리는 장례를 준비하기 위해 친구 두 명을 만난다. 이들은 잔디밭에 앉는다. 이들 뒤의 수로에는 조각배들이 유유히 떠다니고 있다. 김이 모락모락 나는 커피를 담은 보온병을 꺼낸다. 세 친구는 차분하고 침착해 보인다. 마치 개봉 예정인 영화를 보러 영화관에 갈 약속을 잡는 것처럼 말이다. 마치 그들 중 누구도 두 주 후에 죽을 준비를 하는 것처럼 보이지 않는다. 이들은 장례식에서 무슨 얘기를 해야 할지 의논한다. 친구 중 하나는 "우리 우정이 어떤 의미가 있었는지를 말하고 싶어. 우리가 서로에게 영감을 줄 수 있었고, 서로 성장하는 데 도움이 됐다고 말이야."라고 말한다.

다른 한 친구는 푸릇푸릇한 잔디밭 위에서 자신의 역할에 확신을 갖지 못한 듯 보인다. 그는 "난 네가 '이걸 멈추고 모든 것에도 불구하고 살아보자' 하고 생각한 적이 있긴 했을지 궁금해."라고 말한다. 친구가 눈물을 흘리자 에밀리가 위로한다.

다큐멘터리에는 에밀리의 엄마도 등장한다. 엄마는 처음에는 딸에게 더 많은 치료를 받아 보고 다른 병원에도 찾아가 보라고 권유했다고 말한다. 그러자 에밀리는 엄마에게 "엄마, 제발 그만요! 계속 이런 식으로 하시면 절 잃게 되실 거예요." 라고 말한다.

엄마는 눈물을 흘리며 받아들인다는 건 옳은 표현이 아니라고, 그저 딸의 뜻을 따르는 게 딸을 도울 수 있는 유일한 방법이라고 말한다. "전 그 애의 마지막 순간에 같이 있어 주고 싶어요. 저는 걔 엄마이고 싶어요."

안락사를 둘러싼 논쟁

나는 벨기에 의사가, 노골적으로 말하자면 정신과 환자를 죽일 수 있는 조건을 읽었을 때 당혹감을 느꼈다. 수년 동안 심각하고 고질적인 정신병 환자를 만나 온 나는 '완치할 수 없는'과 '개선의 여지가 없는'이라는 개념이 생소하게 느껴진다. 어쩌면 내가 지나치게 낙관적인 반면 벨기에 의사는 현실적이기 때문일지도 모르겠다. 그러나 내 경험에 비추어 보았을 때 희망이 없는 듯 보이는 상태도 추후 개선될 수 있다.

스톡홀름에 있는 카롤린스카 병원의 보더라인borderline 기관에서 수석 의사로 근무했을 당시 만난 일부 환자는 다른 사람이 보기에 희망이 없으며 더 이상 무얼 해줄 수 없다고 여겨졌다. 보더라인은 오늘날 정서가 불안정한 경계선 인격장애를 칭하는 용어이다. 이는 뚜렷한 이유를 모르는 채 강렬한 감정을 느끼고, 이에 대처하는 데 어려움을 겪는 증상을 뜻한다. 경계선 인격장애는 환자의 인간관계는 물론 자기 자신에게도 영향을 미치며, 강렬한 분리불안을 경험하는 경우가 잦다. 공허함을 느끼고 자해 행동이 나타나는 경우도 일반적이다.

어느 날 아침, 나는 진찰실로 향하던 중 정신과 병동 근무자를 만났다. 근무자들은 병동 수석 의사의 출근을 가로막기 위해 병원 입구에 모여 있었다. 이들은 정신과 병동을 초토화시킨 몇몇 '절망적인' 환자를 퇴원시키지 않는다면 항의의 뜻으로 모두 사표를 쓰겠다고 했다. 병동 수석 의사는 그러한 관점에 동의하지 않았으며, 결국 환자들은 보더라인 기관으로 옮겨져 차차 개선되었다. 보더라인 기관에서는 심각한 수준으로 자해한 환자를 받았으며, 언젠가는 이 환자가 괜찮아지거나 혹은 더 나아질 것이라는 희망이 무너질 때까지 붙들고 있었다. 한 여성은 나와 대화하던 중 몸에 불을 붙이려고 했다. 그는 목숨을 끊을 새로운 방법을 거듭 찾아냈다. 그는 1년 후 변증법적 행동치료라고 하는 정신과 처치를 통해 살 수 있었으며, 살고자 하는 마음을 갖게 됐다.

벨기에 법은, 안락사를 신청하는 사람은 치유할 수 없는 질병으로 고통을 받고 있으며, 그 고통이 견딜 수 없는 수준이어야 한다고 정하고 있다. 그러나 샨티 디 코르테가 겪은 PTSD는 치유할 수 없는 게 아니지 않던가? 치료 연구를 살펴보면 희망의 빛이 있다. 10명 중 8명은 상태가 호전된다. 벨기에에서 정신병으로 인해 안락사를 신청하는 환자 100명 중 대부분은 우울증, PTSD, 불안장애, 강박장애 진단을 받았다. 요약하자면 일반적으로 치료할 수 있는 정신적 상태라는 뜻이다. 이러한 상태에 놓여 있으나 치료를 통해 개선되지 않고 증상이 견딜 수 없을 정도라고 생각되는 경우, 미래의 치료법에 희망을 가져야 하지 않을까?

정신병으로 인한 안락사를 둘러싼 논쟁은 2010년 38세를 일기로 안락사로 사망한 티네 뉘스Tine Nys라는 여성의 자매가 이 사건을 법정에 회부하면서 불이 붙었다. 그는 안락사를 위한 법적 요건이 충족되지 않았다고 주장했으며 의사 세 명은 살인 혐의로 기소되었다. 뉘스는 열아홉 살 때 경계선 인격장애 진단을 받았다. 그는 살아 있던 내내 자살 행동을 보였으며 정신과 병동에 열 번 이상 입원했다. 34세 무렵에 생활에 다소 안정을 찾으면서 교육 과정을 마치고 파트타이머로 일했다. 죽기 한 해 전인 2009년에는 파트너와 함께 살기도 했다. 그러나 둘의 관계는 순탄치 못했으며, 파경에 이르렀다. 뉘스는 우울증에 빠져 자살 성향을 보였으며, 주치의에게 조력사를 상담했다. 조사 끝에 뉘스의 신청은 승인됐다. 2010년 4월 27일에 주치의가 안락사를 집행했다. 마지막 서류가 작성된 날 저녁이었다. 뉘스의 가족은 우울증을 겪던 그가 정말로 판단력이 있었는지 여부와 모든 치료 수단을 활용했는지 의문을 제기했다.

판단력이란 환자가 자신의 상황과 상태의 예후에 대한 중요한 정보를 이해하고, 다양한 대안을 평가하고, 자신의 행동에 따른 결과를 이해할 수 있는 능력이 있는지로 정의된다. 의학적 관점에서 보면, 목숨을 끊으려는 자가 우울증과 같은 요소의 일시적인 영향으로 인해 죽고자 하는 것인지가 중요하다. 나중에 우울증이 지나고 났을 때 살고 싶어 한다면 이들의 판단이 우울증의 영향을 받았다고 보며, 죽고자 하는 바람에 대한 평가는 낮아지게 된다. 이 때문에 정신병으로 인한 안락사를 허용하는 국가에서는 일시적인 상태의 영향을 받아 죽고자 하는 바람이 생길 위험을 줄이기 위해 죽고자 하는 바람이 오랜 기간 지속되어야 한다는 요건을 두고 있다.

네덜란드에서 66건의 안락사 사례를 연구한 결과, 판단력이 영향을 받은 것으로 볼 수 있는 진단을 받은 사례가 많았다. 14퍼센트는 정신병을 앓고 있었으며, 12퍼센트는 정신병적 요소가 있는 우울증을 겪고 있었다.[39] 환자의 판단력에 대한 의사의 평가는 딱히 포괄적이지도 않았다. 대체로 "안락사 요청이 심사숙고를 통해 자발적으로 이루어짐"이라는 식일 뿐이었다.

그렇다면 앞서 티네 뉘스에게 모든 치료법을 다 활용하지 않았다는 가족의 주장은 어떻게 볼 수 있을까? 안락사에 참여한 정신과 의사 리브 티앵퐁Lieve Thienpont은 활용할 수 있는 심리 치료 방법을 논의하지 않은 채 경계선 인격장애를 치료할 수 없다고 판단했다며 비판을 받았다.[40]

또한 티앵퐁은 평가 시, 앞서 수년간의 정신과 방문에서 내려지지 않았던 새로운 진단(아스퍼거증후군)을 내렸다. 아스퍼거증후군은 오늘날 주로 자폐스펙트럼장애라고 부르는 것으로, 질병이 아니며 치료할 수 없으므로 불치 진단을 받아야 한다는 요건을 자동으로 충족하게 된다. 재판은 여러 해에 걸쳐 진행되었으나 결과적으로 안락사에 참여한 의사들은 석방되었다.

죽음의 선구자

리브 티앵퐁은 스스로 선구자라고 칭하며 정신병으로 인한 안락사를 앞장서 주장하는 사람이다. 그는 벨기에에서 이루어진 모든 정신과적 조력사 사건의 절반에 참여했으며, 안락사 조사를 위해 1,000명에 가까운 환자를 만났다.[41] 그에 따르면, 한 환자의 운명이 자기 경력의 첫발을 내딛는 데 영향을 미쳤다. 정신과 의사 수련 과정에서 그는 거의 매일 정신과 병원 입구에서 만난 같은 여성에게 도움을 주었다. 그 여성은 도움을 절실하게 호소하며 죽게 해달라고 간청했다. 2년 뒤, 그 여성은 다리에서 뛰어내려 죽음을 맞았다. 티앵퐁은 이 사건에 큰 충격을 받았다. 보건의료 업계에서 그 여성이 덜 외롭고 덜 끔찍한 방식으로 죽음을 맞이할 수 있게 도왔어야 하는 게 아닌가?

티앵퐁에게는 사람들이 안락하고 존엄한 방식으로 죽을 수 있도록 돕겠다는 강력한 의지가 싹텄다. 그는 다른 사람들이 비판하는 안락사가 진정한 선행이라고 생각했다. 삶에 대한 권리와 마찬가지로 죽음에 대한 권리도 있다며, 이 역시 기본적인 인권이라고 주장했다. 그는 자신의 조력으로 사망한 사람들이 안락하게 죽음을 맞이했다고 말했다. 이따금 자신의 품에 안겨 숨을 거두기도 했다고 말이다.[42] 이들은 마지막 순간에 주저하지 않았으며, 일부는 죽을 때 미소를 짓기도 했다. 마침내 이들의 고통이 끝난 것이다. 이들은 또한 자신의 죽음에 통제권을 행사했다. 통제권은 이들이 사는 내내 심각한 병환으로 인해 파괴된 것으로, 살면서 경험해 보지 못한 것이기도 했다.

24세 PTSD 환자의 증상을 치료할 수 없다고 판단하는 게 비합리적이라는 내 주장을 티앵퐁은 아마 크게 개의치 않을 것이다. 나는 상당히 증상이 심각했는데도 호전된 환자를 다룬 개인적인 경험과, 어떤 사람이 처치의 효과를 볼 것인지를 예상하는 것이 무척 어려움을 입증하는 연구를 서술하고자 한다. 다음번 처치에서 누가 효과를 볼지 정확히 알 수 없다면, 이러한 처치가 이미 행해졌다고 볼 수 있을까? 나는 정신병 환자의 자살할 권리를 강하게 옹호하는 의사일수록 환자가 절망적이며 고질적인 질병 상태에 있다고 해석하는 경향이 있다고 생각한다.

리브 티앵퐁은 앞서 내 주장에 귀를 기울인 바 있음을 언급한다. 그는 "문제는 당신이 온정적으로 생각한다는 데 있어요. 당신은 의사인 당신이 문제에 대한 판단을 내릴 것을 전제하고 있지만, 실제로 환자들은 스스로 결정을 내리고 싶어 하죠. 물론 새로운 치료법 조합을 시도해 보거나 미래에 새로운 치료법이 등장하길 기다릴 수도 있죠. 하지만 환자들은 언제든 이제 충분하다고, 더는 못 하겠다고 말할 수 있어야 해요."라고 말했다.

티앵퐁에게 이 문제는 존엄성과 자율성에 대한 것이다. 정신과 환자들이 결혼, 출산, 해외 이주, 가족과의 단절 같이 다른 중요한 문제는 직접 결정할 수 있는데, 왜 존엄성과 자율성을 결정할 권리는 가질 수 없단 말인가?

티앵퐁은 또한 스스로 죽음을 선택하는 것이 자살을 피할 수 있는 한 가지 방법이라고 본다. 그는 누군가에게 자살할 방법을 일러 주는 것은 비인간적인 행위라고 본다. 자살은 고독하며 대부분 극심한 초조함을 겪는 상태에서 이루어지기 때문이다. 또한 확실하게 죽을 것임을 보장할 수도 없다. 안락사를 제시하는 것은 계획에 따라, 친인척에게 둘러싸인 가운데 고통 없이 존엄한 죽음을 맞이할 기회를 제공한다는 것이다.

정신병을 근거로 한 조력사가 벨기에와 네덜란드에서는 논란거리가 되지 못한다는 점은 외부인의 시각에서 보았을 때 놀랄 만한 일이다. 한 설문조사 결과에 따르면 벨기에 북부 플랑드르 지역 정신과 의사의 75퍼센트는 정신병을 근거로 한 안락사가 허용되어야 한다고 답변한 것으로 집계됐다. 그러나 자신이 직접 환자를 안락사시키겠다고 답한 비율은 8퍼센트에 그쳤다. 플랑드르 지역은 개신교가 우세하며, 프랑스어를 사용하는 다른 지역보다 안락사가 더 일반적으로 이루어진다.[43]

해당 설문조사를 진행한 연구원인 모니카 베르호프스타트Monica Verhofstadt는 내가 리브 티앵퐁과 대화를 나눌 때 함께 있었다. 베르호프스타트는 벨기에의 안락사 법이 제정될 때 정신병 진단을 받은 사람을 염두에 두지 않았으며, 이 때문에 일부 복잡한 상황이 초래되었다고 말했다.[44] 그 역시 정신병을 근거로 한 안락사가 가능해야 한다고 주장했지만 티앵퐁만큼 열성적이지는 않았다. 베르호프스타트는 명백히 장기간 투병한 심각한 환자뿐 아니라 자폐증이 있는 청년도 안락사를 신청한다고 설명했다. 이러한 경우 사회가 이 같은 환자들에게 공평하게 맞춰져 있지 않기 때문에 문제가 발생하거나, 정신 보건 부문이 재정 부족에 시달리는 탓에 문제가 발생한다.

베르호프스타트는 그렇다면 다른 방법을 시도해 볼 수는 없을지 의문을 제기한다. 그는 또한 감독 시스템이 정상적으로 작동하는지에 대해서도 의혹을 내비쳤다. 조력사로 사람이 사망하면 의사는 감독 기관에 모든 서류를 발송하지만, 감독 기관에서 근무하는 사람 대다수가 직접 조력사를 시행하고 있는 상황이다. 게다가 사안을 검토할 때는 익명으로 처리되므로 자신이 집행할 사안을 검토하게 될 위험도 있다. 베르호프스타트는 대신 사망 전에 모든 사안을 검토하는 별도의 위원회를 두어야 한다고 주장했다. 그러나 베르호프스타트는 벨기에 법률과 그 적용에 문제가 있음에도 여전히 정신병 환자도 조력사할 권리를 가질 수 있어야 한다고 생각한다. 정신병 환자의 안락사 가능성을 차단한다면 불공정하고 차별적인 처우가 될 수 있다는 것이다. 그러나 정신병 환자 그

룹은 다른 잣대로 평가되어야 한다고 덧붙였다.

조력사를 집행하는 경우와 그렇지 않은 경우의 경계에서 자기 자신을 변론하기란 쉽지 않을 것이다. 조력사로 인해, 말하자면 머지않아 죽게 될 치명적인 병을 앓고 있는 사람이 지워지게 되는 문제가 있기 때문이다.

되돌릴 수 없는 선택

SOS, 112입니다. 무슨 일인가요?

안녕하세요. 제가 치명적인 독극물을 삼켰는데요. 이젠 죽고 싶지 않아져서요. 빨리 좀 도와주세요, 제발요!

알겠습니다. 저희가 도와드릴게요. 어디에 계시죠?

집에 있거든요. 지금 무슨 상황인지 모르나 본데요. 제가 인터넷으로 세르코딘을 주문했거든요. 이게 확실히 죽는다고 해서요. 그땐 죽고 싶었는데 지금은 마음이 바뀌었어요. 망할, 내가 무슨 짓을 한 거지?

사는 곳 주소가 어떻게 되세요?

(발신자가 주소를 말한다.)

뭘 섭취하셨다고요?

세르코딘이요. 인터넷에서 샀어요. 약국에 없어서.

그걸 삼키셨다고요?

네, 방금요. 한 3분쯤 전에. 근데 해독제가 있대요. 지금 당장 해독제를 먹어야 해요. 안 그럼 죽을 테니까. 이제 더는 죽고 싶지 않다고요. (잘 들리지 않음) 벌써 몸에 약효가 도는 게 느껴져요. (흐느낌.)

알겠습니다. 지금 구급차를 보낼게요. 최대한 빨리 갈 겁니다.

빨리요. 전 겨우 스물세 살이라고요. 이런 식으로 죽고 싶진 않아요.

구급차가 도착할 때까지 계속 저와 통화하죠. 이름이 뭔가요?

구급차가 도착했을 때 발신자는 이미 죽은 상태였다. 그는 인터넷에서 세르코딘에 대해 읽고 그걸 주문했다. 그는 후회했지만 결국 죽음을 맞았다. 이런 정보를 쉽게 입수할 수 있어야 할까?

대부분의 국가에서 조력사를 금지하고 있음에도, 조력사 찬성 움직임은 대체로 편안하고 확실하며 치명적인 방식을 이용하는 것을 다루고 있으므로 이 문제는 보건의료 차원에서 관리되어야 한다. 그러나 몇몇은 그보다 한발 더 나아가, 보건의료의 관리에서 완전히 벗어나서 스스로 선택한 죽음을 위한 도움을 받는다. 개개인이 단순히 스스로 결정을 내리는 행위로, 의사의 동의도 필요하지 않다.

네덜란드에서는 스스로 죽기 위해 복용하는 약물인 '유언약'last will pill을 둘러싼 문제가 촉발된 바 있다. 76세 이상은 약국에서 치명적인 약물을 받아 언제든 원할 때 복용할 수 있어야 한다는 제안이 이루어진 것이다.

죽음의 의사

'죽음의 의사' 혹은 '조력사 분야의 일론 머스크'로도 알려진 필립 니츠케Philip Nitschke는 스포트라이트를 피하지 않는다. 그는 죽음의 의사라고 불리는 데 거부감이 없는, 몇 안 되는 의사다. 법적인 측면에서 보았을 때 니츠케는 다른 사람에게 치명적인 약물을 주입해 조력사를 집행한 첫 인물이다. 조력사한 사람은 66세 목수 밥 덴트Bob Dent다. 그는 전립선암이 전이되어 고통받고 있었다. 밥 덴트는 유서에 이렇게 적었다. "만약 내 반려동물이 나와 같은 상태에 놓여 있는데 계속 살려둔다면 나는 고소당할 것이다."

니츠케는 개인적인 경험 때문이 아니라 정치적인 이해 때문에 조력사 문제에 관심을 갖게 되었다. 오스트레일리아 북부에서 의사 조력 자살을 도입했을 때 이는 니츠케의 생각과 일치했다. 그는 성인이 왜 스스로 결정할 수 없어야 하느냐고 생각했다. 모든 의료 기관이 새로운 법률에 반대하며 어떤 의사도 그러한 행위에 동참해서는 안 될 것이라고 주장하는 가운데, 니츠케는 분연히 일어서서 "아니, 나는 그래도 된다고 생각합니다."라고 말했다.

니츠케는 엑시트 인터내셔널Exit International(스위스의 EXIT와 혼동해서는 안 된다)이라는 조직을 세우고 '딜리버런스 머신The deliverance machine'(일명 '구원 기계')이라는 자살 기계를 제작하면서 널리 알려졌다. 이 기계는 의사의 도움을 최소화하거나 받지 않으면서 확실한 DIY 식 자살 여정을 지원한다. 죽고자 하는 사람은 자신의 노트북에 이 기계를 연결하여 확실하게 결정했는지, 판단을 내리기에 정신 상태가 충분히 명료한지 등을 묻는 질문에 답하면 된다. 마지막 질문은 이렇다. "이 버튼을 누르면 치명적인 물질이 주입되어 15초 안에 사망합니다. 계속하시겠습니까?"

버튼을 클릭하면 기계는 정맥 주사를 통해 치명적인 액체를 혈관에 주입한다. 이 기계의 목표는 죽고자 하는 사람이 버튼을 클릭함으로써 결정을 내릴 수 있도록 하는 것이다. 또한 죽고자 하는 사람이 죽을 시점을 정확하게 선택할 수 있으며, 이때 방 안에 의사가 동석할 필요도 없다.

니츠케는 누군가를 죽인 사람이 되고 싶지는 않다고 밝혔다. "저는 사형 집행인이 되고 싶지는 않습니다. 죽고 싶은 사람은 직접 죽을 수 있어야 합니다."

니츠케는 이 기계를 사용한 덕분에 최초로 합법적 안락사를 시행한 의사로 자리매김하기도 했다. 이 기계가 등장한 직후 오스트레일리아에서 조력사는 금지되었으나 니츠케는 보건의료의 개입 없이도 안락사를 시행할 수 있는 장치를 계속해 개발하고 있다. 엑시트 인터내셔널에서는 고통 없이 확실한 방법으로 자살할 수 있는 지침을 담은 책도 제공하고 있다. 50세 이상이면 책을 구입할 수 있지만 당연하게도 책의 내용은 인터넷에도 게시되어 있다.

오스트레일리아에서 이 책은 금서로 지정됐으며, 니츠케는 안락사 관련 콘퍼런스에서 한 젊은 여성으로부터 니츠케 때문에 자신의 아빠가 죽게 됐다는 비난을 받기도 했다. 이러한 정보를 입수할 수 있도록 만든 탓에 우울증에 걸린 아빠가 목숨을 끊었다는 것이다. 여성은 젊은 사람들과 우울증이 있는 사람들이 죽었다고 울면서 말했다. "이건 잘못된 거예요. 완전히 무책임한 행동이고요. 그 사람은 의사잖아요. 이건 잘못됐어요. 당신들이 확산한 정보는 사람들을 죽이고 있다고요! 정신이 온전하지 않은 사람들이 그런 결정을 내리고 있다고요."[45]

조력사 옹호론자 중에서도 니츠케의 조직이 극단적이라고 생각하는 사람도 있다. 한동안 니츠케의 조직은 세계죽을권리연맹The World Federation of Right to Die Societies에서 배제되기도 했다.

나는 니츠케에게 어떻게 그러한 유의 정보를 일반 대중에게 확산할 생각을 하게 됐는지 물은 적이 있다. 그는 조력사 워크숍을 진행했을 때 중병에 걸린 사람에게 확실하게 죽을 수 있는 방법에 대해 알려준 적이 있다고 답했다.

퍼스에서 진행한 그 워크숍에 참석한 사람 중에는 프랑스 출신의 퇴임 교수인 리세트 니고Lisette Nigot도 있었다. 니고는 니츠케에게 그가 설명한 치명적인 약물에 대한 정보를 얻을 수 있는 방법에 대해 물었다. 당시 니고에게 남은 생은 4년 정도였다. 니츠케는 죽을 시점을 확실하게 밝힌 니고에게 무슨 병을 앓고 있느냐고 물었다. 그러자 니고는 "아뇨, 저는 아프지 않아요. 그저 80세가 되면 죽고 싶어서요."라고 답했다. 니츠케는 니고에게 원하는 정보를 알려주지 않았으나, 다음번에 퍼스에서 워크숍이 열렸을 때 니고는 또 참석했다. 니고는 그때도 같은 바람을 말했다. 니츠케는 마찬가지로 거절했다. 1년이 남았을 무렵 니고는 "어서 제 질문에 답해 주세요. 전 내년에 죽을 거니까요."라고 말했다.

니고가 자신을 놀리려 든다고 생각한 니츠케는 "그렇지만 당신은 아픈 게 아니잖아요."라며 "가서 크루즈 세계 일주를 떠나거나, 책을 쓰는 건 어떨까요."라고 답했다.

그러나 니고는 물러서지 않았다. 니고는 "남의 일에 이래라저래라 하지 마세요. 이건 의사인 당신하고는 아무런 관계가 없는 거니까요. 나는 그저 약물의 정보를 원할 뿐이에요. 결정은 내가 내려요. 당신이 아니라. 당신 문제는 세계 곳곳을 다니면서 다른 사람들에게 당신이 생각하기에 살 만한 가치가 있는 삶을 강요한다는 거죠. 당신이 생각하는 고통 모델에 맞아떨어지니까요. 당신이 세워 둔 기준에 맞을 때만 정보를 나눠 주고요. 당신은 정말이지 지긋지긋하고 끔찍한 의학적 온정주의를 추구하고 있다고요."라고 말했다.

니츠케는 니고의 설명에 큰 충격을 받았으며, 그의 말이 옳다고 생각했다. 니츠케의 조직은 견해를 바꾸어 도움을 받기 위해 충족해야 하는 요건을 질병 유무와 관계없이 '정신이 온전한' 성인으로 변경했다.

구원이라는 이름의 죽음 기계

고통 없이 확실하게 자살하는 방법에 대한 정보를 유포하면서 우울증을 앓는 사람 등 소위 죽을 필요가 없는 사람에게까지 확산하지 않도록 보장할 방법은 없다. 사망 사례를 다룬 한 연구에 따르면 18~44세 집단의 30퍼센트가 엑시트 인터내셔널에서 DIY 자살을 위해 추천한 약물로 사망했다. 이는 치명적인 방법을 다룬 정보가 타깃으로 삼은 집단 외부로 확산되었음을 방증한다.

2015년에 오스트레일리아 의료위원회는 니츠케의 의사 면허를 박탈했다. 45세 남성이 니츠케의 워크숍에 참석했다. 50세 이상만 구입할 수 있는 니츠케의 책과 마찬가지로 워크숍에도 연령 제한이 있었으나 그 남성은 그럼에도 불구하고 워크숍에 참석했다. 그 이후 해당 남성과 니츠케는 메일을 주고받았다. 이 45세 남성은 해당 약물을 구입하고, 니츠케의 조직에서 판매하는 키트로 테스트도 해보았으며, 2주 이내에 목숨을 끊을 생각이라고 밝혔다. 니츠케는 그의 마지막 행을 읽는 순간을 고대하겠다고 회신했다.

니츠케가 몰랐던 사실이라면, 이 남자가 자기 아내와 전 여자친구 실종 사건의 용의자라는 점이었다. 니츠케는 남성에게 아무런 질문도 하지 않았다는 점 그리고 그 남성을 보건 의료 측에 연계하지 않았다는 점 때문에 비난을 샀다. 오래 지속된 법정 공방 끝에 니츠케는 의사 면허를 포기하고 법률이 한층 자유로운 네덜란드로 이주했다.

니츠케는 의사 면허를 상실했다고 해서 침울해하지 않았다. 그는 계속해 적극적으로 조력사를 옹호하는 목소리를 냈다. 몇몇 사람이 조력사 도입에 찬성하는 정도라면, 니츠케는 무척 활발한 활동을 벌였다. 그는 코미디언으로 활동(〈죽음의 의사와 주사위 놀이〉Dicing with Doctor Death)하고, 《나를 부드럽게 죽여 줘요》Killing me softly라는 제목의 책을 썼다. 가장 최근에는 DIY 사망을 위한 '사르코'Sarco라는 장치도 발명했다. 사르코는 석관sarcophagus에서 따온 이름으로, 으스스한 질병 관련 농담이라고 할 수 있겠다.

사르코는 성인 한 명이 넉넉하게 들어갈 크기의 우아한 플라스틱제 구형 박스다. 전면에는 큰 유리창이 나 있다. 이 장치는 안락사 문제의 주체를 의사에게서 개인으로 옮기는 상징적인 장치로, 1990년대에 니츠케가 개발한 장치를 한층 발전시킨 것이다. 사르코는 안에 몸을 누인 사람에게 "당신은 누구인가요? 당신은 어디에 있나요? 버튼을 누르면 무슨 일이 벌어지게 되는지 아시나요?"라고 묻는다. 버튼을 누르면 사르코 안에 가스가 채워지며 사망하게 된다. 질문과 답변은 동영상으로 녹화되며, 추후 사망과 관련해 법적 분쟁이 일어날 경우 증거로 활용된다.

조력사를 둘러싼 법적 분쟁은 상당히 많이 있다. 대부분의 국가는 개인의 판단력에 대한 의사의 판단을 요구한다. 또한 이러한 판단력은 자신이 누구인지, 어디에 있는지, 자신이 죽게 될 것을 이해하고 있는지에 대해 답하는 것보다 더 구체적이어야 한다. 때문에 니츠케의 팀에서는 개인의 정신이 온전한 상태임을 데이터로 입증할 수 있는 질문 알고리즘을 개발하고 있다. 그로써 보건의료 부문의 개입을 모두 제거할 계획이다. 테스트를 통과하면 사르코를 구동하기 위한 네 자리

암호를 받게 된다. 이러한 알고리즘은 의사의 개인적인 견해에 영향을 받지 않는다. 그러나 많은 이들은 기계가 해석할 수 있는 확실한 질문 알고리즘을 만드는 게 불가능한 과제라고 본다.

그렇다면 니츠케는 자신이 배포한 정보가 잘못된 집단, 즉 나중에 후회할 사람이나 니츠케가 일컫는 '고민 많은 십대'에게 도달하는 것에 대해 어떻게 생각할까? 이는 분명 안 좋은 일이다. 그러나 막상 실제로 죽으려니 겁을 집어먹는 사람들에 대한 이야기나 이러한 방법이 젊은 층에도 확산하고 있음을 보여 주는 연구 결과에도 니츠케는 움츠러들지 않는다.

내가 니츠케를 인터뷰했을 때 그는 "그래요. 하지만 죽음을 택하는 젊은이 100명당 원할 때 스스로 죽음을 통제할 수 있다는 확신을 가지고 더 오래, 더 잘살 수 있는 노인 1,000명이 있다는 점을 상기해 보세요. 그렇다면 그만한 가치가 있는 게 아닐까요?"라고 반문했다.

이 지점은 나와 니츠케가 합의에 도달할 수 없는 부분이다. 나는 확실하게 목숨을 끊는 법에 대한 정보를 입수할 권리가 절실하게 구급 전화를 거는 사람의 후회보다 더 무게를 가질 수 없다고 생각한다. 어쩌면 내가 끝이 안 좋은 죽음을 많이 만난 반면, 니츠케는 죽음을 해방으로 여기는 사람을 많이 만났기 때문일 수도 있다.

의사로서 내가 마주한 죽음과 내가 목도한 자살은 80세에 삶을 마감하고자 하는 리세트 니고의 사례와 상당히 차이가 있다. 내가 본 자살은 고독하고 충격적이며 엉망진창이었다. 죽음을 맞은 자녀의 부모, 의사와 가까운 이들에게 거짓말을 하고 은밀히 죽음을 맞이한 사람, 조금만 달랐더라면 계속해 삶을 이어 나갔을 무계획적인 죽음, 죽지 않기 위해 애쓰는 모든 이들, 죽고 싶지는 않으나 사는 것이 너무 힘든 사람들. 나는 이러한 경험을 도려내고, 그 모든 세월을 뒤로한 채 다른 사람이 죽도록 하는 데 동참할 수 없다. 나는 내 길을 택해야 한다. 내 길은 사람들이 치명적인 약물을 발견하도록 돕는 게 아니다. 나는 삶의 편에 설 것이다.

그러나 사르코, 딜리버런스 머신, 그 밖의 도발적인 발명품을 둘러싼 문제는 니츠케의 꿈을 실현할 것으로 보인다. 즉, 외부의 도움을 받지 않는 DIY 방식의 조력사가 현실이 될 듯하다. 이는 자살 예방과 극명하게 대비된다.

죽음이 임박했을 때 보이는 삶의 길

나탈리 야콥스Nathalie Jacobs도 같은 경험을 했다. 그에게는 양극성장애가 있다. 그는 양극성 장애가 '있다'고 하지 양극성 장애라는 질병을 '앓고 있다'고 하지 않는다. 그의 말에 따르자면 여러 차례 자살을 시도했으나 성공하지는 못했다. 목숨을 끊는 데 '성공하지는 못했다'는 표현에 나탈리가 느낀 감정이 반영된 듯하다. 29세, 여러 면에서 인생의 시작 지점에 있던 나탈리는 안락사를 신청했을 때 남편과 함께 브뤼셀에 살고 있었다.

나는 나탈리가 안락사를 신청한 뒤에 어떤 절차가 있었는지 더 구체적으로 알아보기 위해 그를 만났다. 나탈리는 여러 차례의 의사 회진이 있었다고 말했다. "한 의사는 무척 도전적인 좋은 질문을 던졌어요. '탈탈 털리는' 기분이었죠. 다른 두 의사는 그다지 귀 기울이지 않는 듯했고요. 마치 절 딱하게 여기는 듯이 느껴졌어요. 마치 '이 환자처럼은 단 하루도 살고 싶지 않군.' 하고 생각하는 듯했죠. 재활의 여지가 전혀 없다고 여겼나 봐요. 그 사람들은 자살을 막을 수 있을 것 같다고 생각하지 않는 것 같았어요. 어떻게 저한테 판단력이 있다고 결정을 내린 건지 저도 모르겠어요. 제 딴에는 저한테 그럴 역량이 있다고 추측한 것 같아요. 저는 무척 침착했고, 말도 멀쩡하게 했고, 완벽하게 '이성적인 상태'였으니까요. 초조해하거나 심각한 정신병 같은 증상이 없었죠."

안락사 신청이 승인되었을 때, 시행일은 반년 뒤로 잡혔다. 그가 안락사 일정이 정해지기 전부터 상담해 온 정신과 주치의는 그의 계획에 반대하지 않았으나 비판적인 관점을 취했다. 그 둘은 마지막 해 혹은 마지막 몇 달 동안 가능한 한 삶을 견딜 만한 수준으로, 양질의 생활을 보내도록 하는 데 집중했다.

나탈리는 "의사는 제게 꿈을 가져 보라고 하더라고요. 꿈에 도전하면서 삶을 온전하게 살아 보라고, 나 자신을 온전히 알아보고 내 역량을 조금 더 시험해 보라고요. 그래서 병에도 불구하고 제가 삶에서 꼭 쥐고 있던 좋은 것들을 누려 보라고도 했죠."라고 말했다.

죽을 것임을 알자 나탈리는 삶에 변화를 일으킬 수 있었다. 그는 부모에게 더 이상 연락을 하지 않고자 한다고 편지를 썼다. 직장도 그만두었다. 번거로운 인간관계도 끊어 냈다. 근면하게 살았던 삶을 뒤로하니 모든 것을 다 잘해야 한다는 의무감도 없어졌고, 남들이 자신을 필요로 하길 바라는 마음도 사라졌다. 혹은 그가 생각하기에 남들이 자신을 필요로 하도록 행동해야 한다는 마음이라고 할 수도 있겠다. 이런 것들은 아무래도 상관없는 것들이었다. 어쨌든 곧 죽을 텐데 말이다. 남편을 비롯해 아주 가까운 친구들만 나탈리의 결정을 알고 있었다. 그들은 나탈리를 무척이나 다정하게 대했다. 그것 말고 무얼 더 해줄 수 있단 말인가? 나탈리는 이들이 자신의 감정을 억눌렀으리라 생각했다.

그러나 나탈리는 안락사 신청을 취소하고 삶을 택했다.

그리고 13년이 지난 지금도 여전히 살아 있다. 브뤼셀 중심부에서 나탈리를 만났을 때, 내 앞에 마주 앉은 사람이 정신병을 이유로 안락사를 신청했고 승인까지 받았던 사람임을 짐작할 사람은 아무도 없을 것이다. 자살도 마찬가지다. 자살할 것임을 올바르게 추측하는 경우는 드물다.

나는 이렇게 물었다. "그런데 왜 하지 않기로 한 거죠?"

나탈리는 "전 아주 많은 걸 배웠거든요. 어떻게 하면 괜찮은 삶을 살 수 있는지 말이에요. 사회적으로 바람직한 삶 말고, 가면을 벗고 살 수 있는 삶을요."라고 답했다.

나탈리는 그럭저럭 살아갈 수 있으리라는 생각이 들기 시작했다. '신자유주의 사회에서 완벽하게' 살지는 못하더라도 말이다.

"안락사하지 않은 걸 후회하진 않았나요?"

"아뇨, 한 번도요! 생각조차 해본 적이 없는걸요."

벨기에에서 이루어진 안락사 관련 조사는 죽음과 삶의 길에 대해 논했다. 죽음이 임박한 구원자처럼 등장했을 때 삶의 길을 찾는 게 더 쉬웠던 걸까? 나탈리는 답하기 어려운 질문이라면서도 "네, 아마도요."라고 말했다. 죽음이 정해진 덕분에 이전에는 하지 못했던 삶의 변화를 시도해 볼 수 있었기 때문이다.

"저는 운이 좋기도 했죠. 제가 한 말에 혐오스럽다는 반응을 보인 사람이 없었으니까요. 그리고 가장 어려운 문제를 터놓고 상담할 수 있는 의사도 있었고요. 다른 의사였다면 적극적으로 개입해서 새로운 약물을 투약하도록 하거나 다른 방식으로든 절 구하려 했을 거예요. 만성적인 자살 관념에 시달리다 보면 나중에는 입을 열기만 해도 새 약을 받거나 병원에 입원되기 일쑤거든요. 제 주치의는 안락사에는 강경하게 반대했지만 그럼에도 안락사에 대해 터놓고 얘기하고자 했어요. 그게 정말이지 큰 도움이 됐고요."

그렇다면 나탈리는 현재 정신병 환자에게 조력사를 제공하는 것에 대해 어떻게 생각할까? 나탈리는 시스템이 실망스럽다고 말했다.

"몇몇 젊은 사람이 안락사했다는 뉴스를 읽으면 마음이 부서지는 것 같아요. 제 말은 그러니까, 40~50세가 되어서 여전히 삶이 끔찍하고 견디기 힘들다면 그때에도 안락사할 수 있으니까요. 하지만 그 나이에 죽게 되면 치료하는 데 필요한 시간조차도 없어지는 셈이죠."

나탈리는 지금 생각해 보면 기분이 더 나아질, 나이를 먹을 시간이 필요했던 듯하다고 회상했다. 어떤 일들은 나이를 먹으면서 더 쉬워지기 마련이지만 자신도 더 어렸을 때는 그걸 이해하기 어려웠다고 말이다.

나탈리는 벨기에에서 치명적인 약물을 주입 받기 위해

필요한 승인을 획득하기가 지나치게 쉬우며, 보호 체계가 너무 취약하다고 지적했다. 시스템이 국민을 엄격하게 보호하리라는 통념과 달리 현실은 그렇지 않다는 것이다. 또한 나탈리 본인처럼 죽지 않기로 선택한 사람을 가시화하는 것이 어렵다고도 말했다. 어쩌면 여생 동안 '안락사할 뻔한 사람'이라는 낙인이 찍히느니 묻고 지내고 싶은 사람도 있을 것이다. 나탈리는 벨기에와 네덜란드는 때를 놓친 듯하다고 말했다.

나탈리는 "법률이 지나치게 극단적이기 때문에 사람들은 절차가 어떻게 되든 무엇도 바꿔서는 안 된다고 생각하는 것 같아요. 합법적 안락사는 새로운 개념인데, 어떻게 그로 인해 초래될 결과를 완벽하게 파악할 수 있겠어요?"라고 묻는다.

나는 나탈리에게 남편과 이야기를 나눠 볼 수 있겠느냐고 물었다. 이런 일은 말하기에 극도로 어려운 주제일 수 있으므로 나는 조심스럽게 물었다. 남편 마크는 잠시 주저했으나 인터뷰에 응했다. 마크의 첫인상에서는 삶이 얼굴에 고스란히 묻어났다. 마크는 다소 회의적인 태도로 나를 보며 천천히 말문을 뗐다.

마크는 정신병 진단을 받은 사람이 조력사를 신청할 수 있다는 이야기는 들어본 적조차 없다고 했다. 나탈리가 때때로 살고 싶어 하지 않는다는 사실은 그 역시 잘 알고 있었다.

그는 나탈리에게 그리고 자기 자신에게도 살면서 좋았던 일들을 상기시키고 앞으로 다가올 멋진 일들을 상상하게끔 하기 위해 부단히 애썼다. 그들이 함께 나눈 모든 것을 말이다. 산책, 대화, 함께 본 영화, 나탈리가 좋아하던 책, 개, 정원에서 앉아 보내는 시간. 그러나 이따금 이런 것들이 별 도움이 되지 않을 때도 있었다. 어둠이 걷히지 않았다. 간접적인 희망을 갖는 게 고될 때도 있었다.

나탈리가 더 이상 살고 싶지 않다고, 그러니까 전혀 살아 있고 싶지 않다고 밝힐 때마다 마크는 발밑이 흔들리는 느낌을 받았다. 나탈리는 안락사로 죽고 싶다고 말했다. 나탈리는 이미 그에 관한 책들을 읽어 본 적이 있었다. 그들은 의뢰서를 받아 벨기에의 다른 도시에 있는 안락사 센터를 찾아갔다.

마크는 "거기서 나탈리는 정신과 의사를 만났습니다. 맞아요, 나탈리만 만났죠. 저는 대기실에 앉아서, 대화 도중에 절 부르겠거니 생각했는데 그렇지 않더군요. 이상한 기분이었습니다."라고 말했다.

마크는 모든 게 비현실적일 정도로 충격적으로 느껴졌으나, 나탈리는 삶에서 해방될 수 있다는 사실을 알고 놀랄 정도로 활력에 넘쳤다고 기억한다. 나탈리는 죽음에 대한 희망을 품으면서 삶의 질이 높아졌다. 그토록 힘겹던 시기를 보내던 와중에 이는 긍정적인 일이었다고 마크는 말했다. 그러나 나탈리가 죽으면 자신이 홀로 남겨지게 될 것이라는 사실이 무척 힘겨웠다고 덧붙였다.

마크는 "나탈리의 신청이 승인되기까지 사유와 주장, 진단이 고작 그만큼밖에 필요하지 않다는 사실에 정말이지 충격을 받았습니다."라고 말했다.

의사는 마크에게 "그렇게까지 많은 해명이 필요하진 않습니다. 저는 이 정도면 충분한 것 같군요. 나탈리는 이 세상을 떠나도 좋습니다."라고 말했다.

마크는 다소 체념한 듯 "한 대 얻어맞은 느낌이었어요. 절차가 대단히 매끄럽게 진행된다는 인상을 받았어요. 하지만 제가 뭘 어쩔 수 있겠어요. 저는 그저 나탈리가 더 이상 도움을 받을 수 없는 상태라는 것을 상상할 수가 없었죠."라고 말했다.

마크는 항상 '안락사 조사가 진행 중이고 나탈리는 약간 차분함을 되찾은 거야'라고 생각하는 게 최선이었다고 설명했다. 그러나 반년 안에 나탈리는 언제든 죽게 해달라고 요청할 수 있었다. 날짜가 다가올수록 마크는 극심한 공포를 느꼈다. 마크는 조만간 결정적인 순간이 도래할 것이며 자기 삶에서 가장 멋진 사람에게 작별 인사를 고하고 그를 영영 잃게 되리라고 생각했다.

나는 배우자로서 안락사를 신청한 사람을 어떻게 지지

해 줄 수 있었는지 물었다. "나탈리는 당신을 떠나 죽게 되잖아요. 생사를 가르는 결정이고 돌이킬 수도 없죠. 이런 상황에서 누군가를 지지해 줄 수 있나요?" 나는 이렇게 물으면서 상상하는 것만으로도 정신이 아득해지는 느낌이었다.

마크는 "당연히 전 나탈리를 지지해 주었습니다. 나탈리는 삶에 종지부를 찍기 위해 평범한 자살 대신 전문적인 도움을 받기로 택한 거니까요."라고 답했다.

그러나 여전히 마크는 약간의 쓸쓸함과 기묘한 기분을 느꼈다. 그는 의사 중 누구와도 논의에 참여하지 못했다. 아무도 그에게는 어떤 것도 묻지 않았다. 그의 관점과 감정에는 누구도 신경 쓰지 않았다.

마크는 "전 그 상황에서 외따로 서 있었습니다. 하지만 다행히 나탈리와는 항상 얘기를 할 수 있었죠."라고 말했다.

지금 돌이켜보면 마크는 어쩌다가 자기 자신에게는 그렇게까지 신경을 쓰지 않을 수 있었는지 의아하다. 당시 마크는 나탈리의 기분을 좋게 해주는 데에만 온통 신경을 썼다. 하지만 그때도 크나큰 슬픔이 있었다. 마크의 표현에 따르자면, 그 크나큰 슬픔은 집안 곳곳에 머물렀으며 머릿속에서도 몰아낼 수 없었다.

그렇다면 마크는 안락사를 어떻게 생각할까?

"저는 분명코 찬성하지 않습니다. 하지만 활용할 수 있는 처치를 모두 사용해도 개선될 여지가 없는 상황이 있을 수도 있다는 생각은 듭니다. 하지만 제 아내의 경우 바뀔 가능성이 있었죠. 그리고 정신병이 있는 사람이 그런 결정을 내릴 역량이 있을까요? 제 배우자는 자기 삶을 끝내고 싶어 했고, 그런 말도 곧잘 했습니다. 아주 명확하게 설명할 수 있었죠. 죽음에 온통 사로잡혀 있었고요. 하지만 아내는 병 때문에 터널 시야에 갇혀 있었어요. 그래서 충분한 판단력이 있었다고 볼 수 없습니다." 마크는 힘주어 말했다.

그는 이어서 "아내는 죽고자 하는 바람에 눈이 멀어 있었어요. 제가 보기에 죽고자 하는 의지는 어마어마하게 강력해서 맞설 수 없다는 생각이 듭니다. 하지만 제 딴에도 그래, 그렇게 해, 연락을 끊고 철저히 준비된 방식으로 깔끔하게 해치우라지, 하는 생각이 들 때도 있었습니다. 하지만 분명히 말하건대, 저는 아내가 살아 있어서 매일 감사합니다."라고 덧붙였다.

나는 마크와 나탈리와 인터뷰를 마치고 무언가 무척 친밀한 사건에 잠시 발을 들였다는 감각을 느꼈다. 벨기에 사회는 나탈리에게 죽음의 길로 향하는 열쇠를 주었으나, 나탈리는 다시 삶의 길로 돌아왔으며 살아갈 수 있는 방법을 찾아냈다. 내 생각에는 배우자인 마크가 그 누구보다도 간절히 나탈리가 그럴 수 있길 바랐을 듯하다. 나는 그에게 연민의 감정을 느끼지만 마크는 아마 연민이 필요하지 않을 것이다. 그 둘 간에 얼마나 강렬한 감정이 오가는지 확인할 수 있어 안심이 되었다.

제7장

황태자의 자살과 전쟁

✦

루돌프 황태자의 자살은 왕국을 불안정하게 만들었으며,
이후 사라예보에서의 총탄으로
수백만 명이 목숨을 잃은 사건으로 이어졌다.
이는 자살의 파장을 예측하는 게 얼마나 어려운지를 보여 준다.
어떤 사람도 외딴섬이 아니다.
루돌프 황태자의 자살이 세계대전을 야기했다고
주장하기는 어렵겠으나, 수많은 나비의 날갯짓이
결국에는 세계대전을 초래했다.

자살에 뒤따르는 가장 최악의 결과는 무엇일까? 살 수 있었으나 살지 못한 삶일까? 마음이 산산이 부서진 부모 혹은 수많은 질문과 슬픔에 젖은 자식일까? 텅 빈 방일까? 멕시코에서 나비의 날갯짓이 다른 곳에서 태풍을 일으킬 수 있듯이 자살의 후폭풍으로 세계 전쟁이 발발할 수도 있을까?

오스트리아-헝가리 제국의 프란츠 요제프Franz Josef 황제는 1800년대에 뒤죽박죽 혼란스러운 왕국을 통치했다. 당시 왕국의 영토는 오늘날의 오스트리아와 헝가리는 물론 이탈리아 북부, 체코, 슬로바키아, 슬로베니아, 발칸 반도 일부, 우크라이나 서부를 아울렀다. 오스트리아-헝가리 제국에서는 11개 언어가 사용됐다. 프라하, 빈, 부다페스트, 르비우, 자그레

브 등의 도시도 제국의 도시였다. 사라예보 역시 마찬가지다. 프란츠 요제프 황제는 모두가 기억할 정도로 오랫동안 제국을 통치했다. 그는 무려 68년간 왕위에 있었다.

프란츠 요제프 황제의 아내이자 시시Sisi라는 애칭으로 불린 엘리자베트 황후는 무척 유명했으며, 여전히 신비로운 후광에 둘러싸여 있다. 황제와 황후는 슬하에 세 딸을 두었으나 왕위는 아들만 계승할 수 있었기에 1858년에 루돌프가 태어났을 때 한숨을 돌릴 수 있었다. 루돌프 황태자는 1,000여 년의 역사를 가진 합스부르크 왕가의 큰 희망이었다. 그는 젊은 나이에도 상당한 영향력이 있었으며, 현대적인 사람으로 비쳤다. 또한 제국 내에서 벌어지는 다양한 동향에도 정통했다. 그는 아버지에 비해 더욱 자유주의적인 사상을 품었으며 사회적으로 곤경에 처한 이들에게 관심을 갖고 궁정의 현대화를 꿈꾸었다. 주변국에서는 정세가 재편되고 있었다. 1870년에 현대 이탈리아가 건국했으며 이 과정에서 오스트리아-헝가리 제국은 북부 이탈리아 일부를 잃게 됐다. 이듬해 프로이센 왕국과 바이에른 공국 외 현재의 독일 지역에서 여러 공국과 지방이 분립했다.

광기에 휩싸인 사랑

루돌프 황태자는 1889년 1월 30일, 빈에서 남쪽으로 조금 떨어진 마이얼링에서 밤을 보냈다. 별장에는 황태자뿐 아니라 고작 열일곱 살이었던 마리 베체라Mary Vetsera 남작도 있었다. 마리 베체라는 루돌프 황태자의 아내는 아니었으나 그와 혼외 관계를 맺은 사람 중 하나였다.

이튿날 아침 한 발의 총성이 울렸고, 이윽고 한 발 더 총성이 울렸다. 황태자의 침소로 향하는 문은 잠겨 있었다. 시종들은 몸이 얼어붙은 듯했으나 빈에서 추가 인력이 도착한 후에야 문을 부수어 열었다. 황태자와 그의 연인은 옷을 갖춰 입은 채 침대에 누워 총상으로 인한 죽음을 맞이한 상태였다. 스캔들이 사실로 확인된 순간이었다. 왕위 계승자는 사망했다. 루돌프 황태자의 사망은 제국의 불안정화를 초래해 더 큰 폭풍을 몰고 온 나비의 날갯짓이었다.

이미 오후부터 〈바이너 차이퉁〉Weiner Zeitung 호외를 통해 소식이 퍼져 나갔다.

> 황궁과 오스트리아-헝가리 제국의 만민이 충격적인 운명의 일격을 맞았다. 모든 오스트리아 국민과 청년을 뒤흔든 소식이다. 존경받던 루돌프 황태자가 사망했다!

소문에 따르면 루돌프 황태자는 뇌졸중으로 쓰러졌으며, 젊은 애인의 이름은 실리지 않았다. 신문은 고귀한 왕자가 이렇게나 빨리 세상을 뜬 사건과 이 사건이 왕가에 얼마나 비극적인 사건인지를 다룬 기사로 도배됐다. 그러나 머지않아 죽음에 대한 상세한 내용을 대중들도 알게 됐다. 황태자가 사망하고 사흘 후, 완전한 부검 결과서가 발표됐다. 황태자는 두개골이 파열되고 뇌의 앞부분에 손상을 입어 사망했다. 상처는 리볼버로 발사한 탄환으로 발생한 것이었다. 방아쇠를 당긴 사람이 황태자 본인이라는 사실에는 의심의 여지가 없었다. 그러나 두개골과 뇌에 '비정상적인 정신 상태'인 경우에 발생하는 흔적이 발견되었으며, 따라서 이 사건은 정신 이상 상태로 인해 촉발되었다고 볼 수 있다고 적혀 있었다. 정신 이상 소견을 시사하는 점이 발견됐다는 사실은 중요했다. 이로써 황태자는 일반적인 자살에 뒤따르는 처벌에서 예외로 다루어져 매장될 수 있기 때문이다.

별장에서 실제로 어떤 일이 벌어졌는지는 해외 매체에서 먼저 다루었다. 프랑스의 통신사 아바스Havas는 황태자와 그의 곁에서 사망한 여자 남작에 대해 보도했다.

> 둘의 관계는 오로지 극소수만이 알고 있었다. 이는 황태자와 빈의 여자 남작이 반복적으로 같은 시기에 자리를 비웠다는 사실

을 통해 유추됐다. 이 둘은 런던 등 해외에서 여러 차례 만남을
가졌다. 황태자는 베체라에게 끓어오르는 열정을 품게 됐다.

항간에 루돌프 황태자는 베체라와 함께하기 위해 이혼을 택하고자 했으며, 이를 자기 아버지에게 고했으나 요제프 황제는 이를 거절했다는 말이 떠돌았다. 그러자 루돌프 황태자는 이혼을 강행하기 위해 교황에게 연락을 취했다. 황제와 큰 다툼이 있었다고 한다면 자살했다는 보도는 잘못되었을 수도 있다. 황태자와 여자 남작이 함께 자살한 것은 이 둘 간의 이루어질 수 없는 사랑의 결과인 셈이다. 광기에 휩싸인 사랑 말이다.

2005년에 베체라의 유서가 빈 소재 사설 은행의 금고에서 처음으로 발견됐다. 편지는 베체라가 살해당한 것이 아니라 의식적으로 황태자를 따라 죽었다는 사실을 뒷받침한다. 편지의 내용은 짤막했다. 베체라는 자신의 어머니에게 이렇게 적었다.

사랑하는 어머니, 제가 한 행동을 부디 용서해 주세요. 사랑을 거부할 수 없었어요. 그이와의 약속에 따라 알란츠 묘지에서 그의 곁에 절 묻어 주세요. 저는 삶에서보다 죽음에서 더 행복할 거예요. 사랑을 담아, 마리.

자매에게는 이렇게 남겼다.

사랑하는 한나. 내가 죽기 몇 시간 전에 작별 인사를 하고자 해. 우린 둘 다 이면의 불확실성을 향해 기꺼이 발을 내딛는 사람이지. 지금 그리고 나중에도 날 생각해 줘. 행복하길. 그리고 오로지 사랑을 좇아 결혼하길. 난 그렇게 할 수 없었어. 그리고 사랑에 저항할 수 없어서 난 그이와 함께 가려 해.

그 뒤에는 이렇게 덧붙였다.

내 장신구는 최선이라고 생각되는 방식대로 처분하길 바라. 날 위해 눈물을 흘리지는 마. 나는 기쁘게 떠나는 거니까.

마치 훌쩍 드라이브라도 떠나는 게 아닌가 싶을 정도다. 편지에는 아무도 돌아온 적이 없는 대륙으로 떠나는 여행을 앞두고 보이곤 하는 두려움에 찬 언사가 담겨 있지 않았다.

황태자가 자기 아내에게 남긴 유서는 이보다는 더 칙칙하다.

사랑하는 스테파니! 그대는 나라는 존재와 의무로부터 벗어나겠군. 당신 방식의 행복을 찾길 바라. 내 곁에 남은 유일한 불쌍

한 존재에게 상냥한 마음을 갖길. 교류하고 지내던 모든 이들, 특히 봄벨레스, 스핀들러, 라투, 보보, 기셀라, 레오폴트 등에게 내 마지막 인사를 전해 줘. 나는 차분히 죽음을 맞이하러 가. 죽음만이 나를 구원해 줄 거야. 그대들 모두에게 따스한 포옹을. 사랑을 담아, 루돌프.

사망의 기록

황태자의 편지에는 마리를 향한 사랑에 대한 언급이 없다. 다른 여러 유서에서도 황태자는 자신의 명예를 지키기 위해 죽는다고 적었으나, 그 이유에 대해서는 밝히지 않았다. 열정에 휩싸인 자살이라는 게 완전한 진실이 아닐 수도 있는 걸까? 이 자살 역시 우울증이나 약물 남용처럼 더 평범한 이유에서 기인한 걸까? 황태자는 모르핀과 대마를 복용했으며, 앞서 급격한 기분 변화를 겪어 온 바 있다.

루돌프 황태자가 마리 베체라와의 이루어질 수 없는 사랑으로 인해 죽었다는 점은 수긍하기 어렵다. 베체라를 처음 만나기 전에 분명 다른 사람에게도 함께 죽자고 청했을 것이기 때문이다. 그중에는 오랫동안 연인 관계였던 미치 카스파르Mizzi Kaspar도 있다. 루돌프 황태자는 고급 창부인 미치에게 빈의 주택을 사 주기도 했다. 미치는 죽고 싶지 않았기 때문에 경찰에 황태자의 생명이 위급하다고 신고했으나 체포당한 적이 있다.

루돌프 황태자가 마이얼링에서 사망하기 전날 밤, 경찰에 다음과 같은 기록이 있다.

> 1889년 1월 28일 월요일. 황태자님이 새벽 세 시에 미치의 집을 찾았다. 샴페인에 상당히 취해 경호원에게 10길더를 주었다. 황태자님은 미치에게 안내되자 미치의 이마에 성호를 그었다. 평소답지 않은 행동이었다.

루돌프 황태자는 항상 예민한 사람이었으며 아버지의 양육 방식에 고통을 받았다. 어릴 적에는 우수한 군인이자 사냥꾼, 독실한 기독교도가 되도록 혹독한 훈련을 받았다. 그라프 레오폴트 공드르쿠르Graf Leopold Gondrecourt 장군이 불안해 보이는 왕위 후계자의 훈육을 맡았다. 그는 황태자에게 비가 오든 눈이 오든 훈련을 강요했으며, 총을 쏴서 잠을 깨우기도 했고, 돌연 숲에 홀로 내버려두기도 했다. 어린아이였던 황태자는 공포에 질린 채 살았다. 마찬가지로 예민한 영혼의 소유자였던 어머니가 공드르쿠르 장군의 양육 임무를 중단한 바 있으나, 황태자는 이때의 기억으로 점철된 삶을 살게 된다.

바이에른의 미치광이 백조 왕

이 가문에서 자살이란 새로울 것도 없는 일이었다. 황태자의 어머니인 시시는 바이에른의 왕 루트비히 2세의 사촌이다. 오늘날 루트비히 2세는 노이슈반스타인성을 지은 인물로 가장 잘 알려져 있다. 디즈니성은 이 성을 본떠 만들어졌다. 노이슈반스타인성은 스웨덴에서는 부모들이 사각형에 밋밋하게 생긴 스톡홀름의 성을 손가락으로 가리킬때 아이들에게 실망감을 안기는 가장 큰 원인이기도 하다.

루트비히 2세는 열여덟 살에 왕위에 올랐으나 바이에른 궁정과 재무를 돌보는 일에는 별 관심이 없었다. 그는 자주 책무를 피해 알프스산을 돌아다니거나 환상적이지만 동시에 어마어마하게 비싼 성을 짓는 데 열심이었다.

루트비히 2세는 예술에 관심이 컸으며, 특히 오페라 작곡가인 리하르트 바그너에게 열중했다. 루트비히 2세는 왕위에 오른 해에 당시 33세인 바그너를 친히 만났다. 그는 빚더미에 앉아 있던 바그너의 든든한 재정적 후원자가 되었으며, 바이로이트에 바그너를 위한 오페라하우스를 지어 주기도 했다.

젊은 왕을 처음 만난 후 바그너는 이렇게 적었다.

그는 안타까울 정도로 아름답고 기민하며, 감성이 풍부하고 성스러운 나머지 그의 삶이 이 추악한 세상에서 신을 향해 한순간의 꿈처럼 휙 사라지게 될까 두려운 마음이 든다. 그는 나를 첫사랑의 기쁨과 열정을 담아 아끼며, 나에 대해 낱낱이 알뿐더러 마치 내 영혼처럼 나를 속속들이 파악하고 있다. 그는 내가 그의 곁에 영영 머물며 그를 위해 봉사하고, 휴식을 취하고, 내 작품을 써 내려가길 바란다. 그렇게 하기 위해 내가 필요로 하는 것이라면 무엇이든 내주고자 한다.[46]

왕의 후원을 업고 바그너는 〈트리스탄과 이졸데〉, 〈니벨룽겐의 반지〉와 같은 걸작을 집필한다. 루트비히 2세는 재정적인 후원에 그치지 않았으며, 이윽고 〈로엔그린〉 속 등장인물을 따라 '백조 왕'이라고 불리게 된다.

노이슈반스타인성의 이름은 오페라에서 영감을 받았을 뿐만 아니라 실내 장식도 오페라에서 본떴으며, 왕도 오페라 등장인물의 이름으로 편지에 서명을 했다. 루트비히 2세는 낮에는 잠을 자고 밤에 깨어 있었으며, 차츰 자신이 진짜로 오페라 등장인물이라고 믿기 시작했다.

루트비히 2세는 한층 현대적으로 변해 가는 주변 정세에 적응하지 못했다. 그는 이렇게 적었다.

나는 대부분의 사람에게 속마음을 드러내지 않으며 냉담해져

가고 있다. 내가 아끼는 책 속에서 사는 편이 더 낫다. 내가 경멸하는 현재에는 머무르고 싶지 않다.

어쩌면 루트비히 2세는 현실 정치에 뛰어들 준비가 되어 있지 않았는지도 모른다.

세상과 접촉할 때마다 다치는 느낌이다. 내 천성은 … 과도하며 형언할 수 없을 정도로 예민하다. 모욕은 내게 깊은 상처를 입혀 나를 무장 해제시킨다. 나를 땅바닥에 처박는다. 언젠가는 분명 나를 파괴할 것이다. 어린아이로서 내가 견뎌 내야 했던 굴욕은 여전히 아물지 않은 상처처럼 쓰라리다.[47]

루트비히 2세는 루돌프 황태자의 어머니의 여동생, 그러니까 자신의 사촌과 약혼했으나 파혼했다. 아마도 그가 동성애자였기 때문인 것으로 추정된다. 루트비히 2세는 일기에 "신이시여, 부디 끔찍한 일이 현실이 되지 않게 하소서!"라고 적었다.

루트비히 2세는 루돌프 황태자에게 눈독을 들이고 있었으나, 황태자가 약혼한 후 연락을 끊어 버린다. 바그너의 오페라와 아름다운 성 이외의 현실은 모두 루트비히 2세를 짓눌렀다.

루트비히 2세의 실정과 왕으로서의 의무를 저버리는 행위는 도를 넘어섰다. 1886년에 그는 정신병을 앓고 있다는 점을 근거로 폐위됐다. 루트비히 2세를 진찰한 의사는 소견서에 그의 환각, 소극적인 성향, 기괴한 춤사위 같은 움직임에 대해 적었다. 루트비히 2세가 성을 짓는 데 집착한 행동도 병적인 행동으로 비쳤다. 결론은 다음과 같았다.

> 폐하께서는 정신적인 질환이 상당한 수준으로 진전됐으며, 경험에 비추어 보건대 의사들 사이에서는 편집증(광기)으로 널리 알려진 정신병으로 고통받고 계신 것으로 보인다.

저명한 뇌과학자이자 정신과 의사인 베른하르트 폰 구덴Bernhard von Gudden이 조사를 이끌었다. 그 무렵 폰 구덴은 왕의 남동생이 겪던 정신병을 오랫동안 치료해 오던 터였다. 루트비히 2세는 폐위된 후 노이슈반스타인성에서 폰 구덴과 함께 근처에 있는 베르크성으로 이주했다. 이틀 뒤에 폰 구덴은 루트비히 2세와 함께 성안 호숫가의 정원을 산책했다. 저녁이 되도록 그들이 돌아오지 않자 경찰이 수색에 나섰다. 경찰이 찾는 데 실패하자 모두가 횃불과 등을 들고 나섰다. 22시 무렵, 폐위된 왕의 코트가 물가에 떠 있는 것이 발견됐다. 직후 루트비히 2세와 폰 구덴 모두 호수에서 사망한 채로 발견됐다. 얕은 물가에서 발견된 탓에 살해 의혹이 고개를 들었다.

대부분의 정황은 루트비히 2세가 자진했으며 의사까지 죽음에 동행시켰음을 가리켰다. 루트비히 2세의 자살이 봇물 터진 듯 보도됐다. 여러 신문은 왕을 폐위시킨 자유주의적인 장관들에게 책임을 돌렸으나, 다소 예기치 못한 곳에 책임을 돌리는 언론도 있었다. 〈아우크스부르거 포스트차이퉁〉Augsburger Postzeitung은 루트비히 2세가 푹 빠진 리하르트 바그너의 "불운한 감상적 세계"에 책임이 있다고 적었으며, 〈바이에리허 쿠리르〉Bayerischer Kurir는 "리하르트 바그너의 작품과 성격이 왕을 악마적인 힘에 사로잡히게끔 했다."고 적었다. 프랑스의 〈르 피가로〉Le Figaro는 한술 더 떠서 루트비히 2세가 '바그너주의'라는 독자적인 정신병을 앓았다고 적었다.[48]

루트비히 2세가 사망한 호수에서 여름을 보냈던 시시 황후는 그의 사망 소식에 무척 혼란스러워했다. 황후는 루트비히 2세에게 영혼의 공명을 느꼈다. 그 역시 무척 예민하고 괴짜였으며 예술에 상당히 관심이 있던 것이다. 황후는 자기 아들 루돌프가 그로부터 3년 후에 스스로 목숨을 끊자 무너져 내렸다. 슬픔이 곁을 떠날 겨를이 없었다. 황후는 여생 동안 검은 옷만 입었으며 우울증에 시달렸다. 왕궁에는 거의 머무르지 않았으며, 신분을 숨긴 채 유럽 전역을 떠돌았다.

1898년 제네바 여행길에서 배에 오르려던 순간 그는 무정부주의자 루이지 루케니Luigi Lucheni의 칼에 찔린다. 황후가 거짓 신분으로 여행 중이었기 때문에 혼란이 일었다. 황후는 머무르던 호텔로 곧바로 호송되었으며 이후 그곳에서 사망한다. 당시 유럽을 여행 중이던 마크 트웨인은 "카이사르를 시해한 사건도 황후 살해 사건이 세상에 안긴 충격만 못할 것이다."라고 적었다.

루케니는 청문회에서 후회하는 모습을 보이기는커녕 "만약 모든 무정부주의자가 나와 같은 방식으로 자신의 의무를 실천한다면 부르주아 사회는 조만간 절멸할 것이다."라고 말했다.

루케니는 제네바에서 사형 선고를 폐지했음을 알게 되었을 때 무정부주의자로서 순교할 수 없게 되었음에 분개했다. 루케니는 여전히 사형 선고를 내리는 스위스 칸톤으로 사건을 이관하려고 했으나 거부됐다. 루케니는 무기징역을 선고받았으며 이후 옥중에서 스스로 목숨을 끊었다.

루돌프 황태자와 마리 남작의 목숨을 앗아간 총성이 울린 마이얼링의 침소 침대 위에는 루트비히 2세의 초상화가 걸려 있었다. 황태자가 사망하자 제위를 누가 계승할지가 중요한 문제로 떠올랐다. 루돌프 황태자의 아버지인 프란츠 요제프 황제는 루돌프 외에 다른 아들이 없었다. 이 경우 제위는 황제의 형제 중 가장 나이가 많은 자에게 돌아가게 되어 있었다. 다음 계승자는 멕시코의 황제인 형제였으나, 그는 멕시코가 군주제를 폐지하면서 처형됐다. 그다음 순서는 카를 루트비히Karl Ludvig였다. 그는 무척 신실한 자였으나 팔레스타인 여행 중 범람한 요르단강에 빠졌다가 이후 감염병에 걸려 사망했다. 왕위는 이제 카를 루트비히의 가장 나이가 많은 아들, 프란츠 페르디난트Franz Ferdinand에게 돌아가게 됐다.

사라예보의 총성 그리고 수천 개의 조각

오스트리아 출신 작가 슈테판 츠바이크Stefan Zweig는 나치를 피해 망명하던 중에 회고록《어제의 세계》Die Welt von Gestern를 저술했다. 츠바이크는 이 회고록에서 막대한 권력을 쥐었던 오스트리아의 마지막 시기를 묘사했다. 츠바이크는 1942년, 브라질 망명 중《어제의 세계》를 탈고한 이튿날 자살했다. 당시 그는 망명 생활에 지쳤으며 우울증을 겪고 있었다. 그는 빈에 대한 향수를 담아 이렇게 적었다.

> 나는 제1차 세계대전 이전, 내가 자라난 시기를 적절하게 지칭하는 이름을 붙이고자 시도하며, 이렇게 말하는 게 맞길 바란다. 그 시기는 안전함으로 가득 찬 시대였다. 거의 천 년의 역사를

자랑하는 우리 오스트리아 군주제는 모든 측면에서 계속해 존재할 기반 위에 세워져 있는 듯 보였다. 국가 그 자체가 이 영속성을 더할 나위 없이 보증하는 듯했다. … 구시대의 빈에서 사람들은 부족함 없이, 편안하고도 슬픔이 없는 삶을 살았다.[49]

츠바이크의 묘사는 사실 그대로다. 빈은 과거의 영광을 동경한 도시였다. 츠바이크는 루돌프 황태자가 진보적이었으며 인간적이고 무척 동정심이 많았다고 적었다. 반면 프란츠 페르디난트는 "개인적으로 사랑할 만한 구석, 인간적인 매력, 또렷한 개성"이 없었으며, 극장에서도 "냉담한 눈빛을 쏠 뿐 대중에게 다정한 눈길을 던지거나 예술가를 격려하는 진심 어린 찬사도 없었다."고 했다.

프란츠 페르디난트는 놀랄 정도로 활력에 찬 사냥꾼으로, 그의 일기에 따르면 사자, 호랑이, 코끼리를 포함해 27만 4,889마리의 동물을 잡았다.

유럽 하늘에는 점점 먹구름이 두터워지고 있었다. 오스트리아-헝가리 제국 남부의 불안감은 특히 높았다. 프란츠 요제프 황제 치세에 대해 모든 사람이 무척 안전하고 푸근했다고 회상하지는 않았다. 남부에서는 세르비아 왕국이 세를 넓히는 중이었다. 오스트리아-헝가리 제국이 보스니아를 합병할 때 특히 보스니아의 세르비아인들은 고통을 겪었다.

프란츠 요제프 황제는 1910년에 80세를 맞았다. 이 무렵 요제프 황제는 천 년 역사의 합스부르크 왕가를 상징하는 인물이 되어 있었다. 요제프 황제가 더 오래 살 수 없으리라는 가능성이 고개를 들며, 그가 사망하면 군주제가 무너질 것이라는 불길한 예감이 팽배했다.

온건한 수준의 지지를 받고 있던 왕위 계승자 프란츠 페르디난트는 1913년에 총사령관 지위에 올랐다. 그는 1914년, 당시 오스트리아-헝가리 제국에 속해 있던 보스니아에 군사 훈련차 방문했다. 페르디난트와 그의 아내는 위험하다는 주위의 경고를 무릅쓰고 사라예보에 친히 방문했다. 사라예보 시가지에는 사람들이 줄지어 서 있었다. 행렬에는 무장한 여섯 명의 젊은 세르비아 독립주의자도 있었다. 지붕이 열린 자동차 위로 폭탄이 투척됐으나 튕겨져 나오며 다른 사람들이 폭발로 다쳤다.

행렬은 시청까지 이어졌으며 현지 지도부의 긴장감이 감도는 환영식이 끝나자 프란츠 페르디난트는 폭탄 공격으로 다친 군인 한 명을 만나고 싶어 했다. 그들은 올 때와 똑같은 차를 타고 돌아갔으며, 이때 그 유명한 사라예보의 총탄이 발포된다. 당시 열아홉 살인 가브릴로 프린치프Gavrilo Princip가 쏜 총에 프란츠 페르디난트와 그의 아내가 사망했다.

슈테판 츠바이크는 "우리가 나고 자란 집과 같던, 안전함과 창의적인 지혜로 대변되던 세상이 마치 텅 빈 도자기처럼 한순간에 산산조각이 나 버렸다."라고 적었다.

오스트리아-헝가리 제국은 세르비아 전쟁을 선포했으며 곧이어 제1차 세계대전이 발발했다. 약 2,000만 명의 목숨이 스러졌다. 전쟁이 끝날 무렵, 오스트리아-헝가리 제국도, 러시아 혹은 오스만 제국도 존재하지 않았다. 그 자리에는 일련의 새로운 국가들이 난립했다.

역사학자 루돌프 비니언Rudolph Binion은 1975년에 《현대 역사 저널》The Journal of Modern History에서 "시대를 통틀어 자기 아내는 물론 자기 자신의 살해에 책임을 물을 수 있는 자가 있다면, 그자는 다름이 아니라 프란츠 페르디난트일 것이다."라고 적었다.[50]

비니언은 프란츠 페르디난트의 죽음과 그 사촌의 자살 사이에 연결고리가 있다고 주장했다. 페르디난트는 사라예보에서 부주의하게 행동함으로써 거의 자살을 도모했다는 것이다. 사라예보에 간 행위도, 첫 번째 폭탄 공격이 있은 후로도 계속해 지붕이 없는 차를 타고 행진했다는 점도 이를 뒷받침한다고 설명했다.

루돌프 황태자의 자살은 왕국을 불안정하게 만들었으며, 이후 사라예보에서의 총탄으로 수백만 명이 목숨을 잃은 사건으로 이어졌다. 이는 자살의 파장을 예측하는 게 얼마나 어려운지를 보여 준다. 어떤 사람도 외딴섬이 아니다. 루돌프 황태자의 자살이 세계대전을 야기했다고 주장하기는 어렵겠으나, 수많은 나비의 날갯짓이 결국에는 세계대전을 초래했다.

제8장

‘자살 제로’ 프로젝트

✦

울타리가 설치된 다리에서는 자살이 급격하게 감소했다.
사실상 완전히 사라졌다고도 할 수 있다.
그럼 장애물이 있는 것을 본 사람들이
장애물이 설치되어 있지 않은 다른 다리로 가서 뛰어내렸을까?
아니다. 이 다리에서는 물론이거니와 도시 내 다른 다리에서도
자살이 증가하지 않았다.

2008년 3월 13일, 스웨덴 내각은 프레드리크 레인펠트 Fredrik Reinfeldt 총리의 주도하에 훗날 스웨덴 의회의 승인을 얻게 되는 결정에 서명했다. 이 결정은 "그 누구도 유일한 탈출구가 자살인 상황에 처해서는 안 된다. 내각은 누구도 스스로 목숨을 끊을 필요가 없도록 한다는 비전을 가지고 있다."고 명시했다.

이 문구는 무척이나 무해해 보였던 탓에, 그 안에 실제로는 폭발적인 힘이 숨겨져 있으리라고 생각하기는 어려웠다. 이 결정을 계기로 스웨덴은 세계에서 처음으로 자살을 완전히 없애겠다는 비전을 내세운 국가가 되었다. "그 누구도 … 상황에 처해서는 안 된다." 그리고 "스스로 목숨을 끊을 필요가 없도록"이라는 문구는 당혹스러울 정도로 온건하게 표현되어 있으나, 후속 작업을 통해 어떠한 자살도 발생하지 않도록 한다는 게 목표임을 명확하게 했다. 단 하나도 말이다. 자살을 완전히 없애 버리겠다는 것이다.

자살 제로SUICIDE ZERO 비전은 1997년에 스웨덴에서 도입한 교통사고 사망 제로 비전이 성공을 거둔 데서 착안해 제시되었다. 당시 교통사고로 목숨을 잃는 사람은 해마다 500명에 달했다. 그래도 1,200여 명씩 사망하던 30년 전에 비하면 사정이 낫기는 했다. 제로 비전은 교통사고로 인해 어떠한 사람도 사망하거나 중상을 입지 않도록 하겠다는 내용을 담고 있었다. 이로 인해 정부 부처는 사람의 상해 또는 사망을 피하기 위해 완전히 새로운 업무에 착수해야 했다. 로터리를 세우고, 중앙 차선 레일을 설비하고, 음주운전 제한 장치를 도입하고, 교통안전 카메라를 설치했다. 2020년까지 교통사고 사망자 수를 절반으로 줄이는 것을 목표로 삼았으며, 목표 달성에 성공했다. 수치는 204명 수준에 머물렀다. 스웨덴 교통청은 한 명의 목숨에 2,000만 크로나의 값을 책정하는 방법도 도입했다. 총계는 도로를 재건축하는 데 비용을 들이는 게 그만한 가치가 있는지 계산할 때 반영되었으므로 중요한 요인이었다. 총계가 크면 도로 재건축에 투자하는 것이 합리적이라고 여겨진다.

교통사고 제로 비전은 성공을 거뒀다고 볼 수 있다. 스웨덴은 현재 세계에서 교통사고 사망자 수가 가장 적은 나라다. 유럽연합(EU) 평균의 절반에 못 미치고 미국의 6분의 1 수준이다.

영국의 자살자 수는 제2차 세계대전 이후 증가하다가 1963년에 갑자기 줄어들었다. 보건의료가 개선됐거나 혹은 사마리탄스Samaritans라는 조직이 스스로 목숨을 끊는 것을 고려하는 사람들을 위한 전화 상담 서비스를 개시했기 때문이었을까? 아니다. 원인은 그보다 더 단순했다. 기존에는 영국 가정에서 음식을 가스 오븐에 조리했다는 사실 때문이었다. 가스는 수많은 영국 광산에서 채광된 석탄에서 비롯한 것으로, 일산화탄소 함량이 높다. 일산화탄소는 무색무취의 가스로, 적혈구의 헤모글로빈과 결합하여 혈액의 산소 운반 능력을 저하하기 때문에 인간에게 무척 유독하다. 다시 말해 이 시기의 영국에서 오븐을 데우는 가스는 무척 위험한 자살 도구이기도 했다.

1960년대에 들어 석탄이 아닌 다른 가스를 사용하기 시작했으며, 결국에는 천연가스로 대체됐다. 덕분에 가정에서 사용하는 가스의 일산화탄소 농도가 급격하게 낮아졌으며, 더 이상 인간에게 위험하지 않을 수준까지 하락했다. 놀라운 점은 가스를 사용한 자살이 감소했을 때, 다른 자살 방법이

증가하지 않았다는 사실이다. 특히 고연령층에서의 자살이 눈에 띌 정도로 줄었다.[51]

이와 유사한 예시를 인도, 중국, 스리랑카에서도 찾아볼 수 있다. 이들 국가에서는 농촌에서 위험한 살충제에 대한 접근성이 낮아짐에 따라 자살도 줄어들었다.

워싱턴 DC의 백악관에서 북쪽으로 몇 킬로미터 떨어진 곳에 두 개의 아름다운 다리가 록크리크Rock Creek 협곡을 따라 놓여 있다. 마치 도시를 가로지르는 녹색 오아시스처럼 펼쳐진 풍경은 포토맥강까지 이른다. 우뚝 솟은 두 다리 중 하나는 도심부로, 다른 하나는 동쪽의 세련된 구역인 애덤스 모건Adams Morgan으로 뻗어 있다. 두 다리 모두 북쪽의 코네티컷 애비뉴와 캘버트 스트리트 교차로에서 시작된다.

동쪽으로 난 다리는 듀크 엘링턴 메모리얼 브리지Duke Ellington Memorial Bridge라고 하는데, 도시에 있는 열 개 다리에서 뛰어내려 자살한 사람의 절반이 이 다리에서 뛰어내렸다. 이를 방지하기 위하여 1986년에 다리에서 뛰어내리기 어렵게 하기 위해 울타리를 설치했다. 반면 다른 다리에는 울타리를 설치하지 않았다. 협곡 위로 높이 솟은 두 다리 간의 거리는 고작 몇 걸음에 지나지 않는다. 한 다리에는 울타리가 설치되었으나 다른 하나는 그렇지 않다. 울타리가 설치된 다리에서는 자살이 급격하게 감소했다. 사실상 완전히 사라졌다고도 할 수 있다.

그럼 이제 질문을 던지겠다. 장애물이 있는 것을 본 사람들이 대신 가까운 거리에 있는, 장애물이 설치되어 있지 않은 다른 다리로 가서 뛰어내렸을까? 아니다. 이 다리에서는 물론이거니와 도시 내 다른 다리에서도 자살이 증가하지 않았다.[52] 이는 목숨을 끊고자 다리를 찾아간 사람이 마음을 확고하게 정하지 못했음을 보여 준다. 약간의 장애물만으로도, 짧게 멈춰 서는 것만으로도 살아남는 것을 택하게 되는 것이다.

사람들은 어차피 항상 새로운 방법을 찾기 마련이니 스스로 목숨을 끊는 것을 어렵게 만드는 게 그다지 유용하지 않다는 주장은 잘못된 것이다. 이는 희망적인 소식이다.

다리에 울타리를 치고, 위독한 약물을 없애고, 독성 살충제에 쉽게 접근할 수 없게 하는 것이 자살 수치에 영향을 미치는 것으로 보인다. 이러한 방법은 소위 '설계적 예방 조치'prevention by design에 포함된다. 사회의 모든 사람을 위해 특정한 부분을 변경하여 개인을 보호한다는 개념이다.

또 다른 유형의 예방 조치로는 위험 지대에 해당하는 개인을 식별하는 작업이 있다. 교통사고로 인한 사망 사건에서 설계적 예방 조치는 로터리를 설치하고, 도로에서의 속도를 낮추고, 음주운전을 줄이기 위해 노력을 기울이는 것이었다. 그러나 도로에서 사망하는 경우가 줄어들었다고는 하지만,

우리는 이듬해에 누가 도로에서 죽게 될지 예측할 수는 없다. 우리가 적용한 설계 조치가 유효하다면, 누가 죽게 될지 예측하지 못하는 게 크게 중요하지는 않다.

순전히 기술적인 측면에서 교통사고 사망자 0명을 달성할 수는 있다. 모든 도로 교통을 금지하고 산업혁명 이전의 사회로 돌아간다면 말이다. 하지만 자살 문제의 경우에는 다소 어렵다. 자살을 완전히 없앨 수 있는 알려진 방법이 없을 뿐만 아니라 이론적으로도 불가능하다. 전 세계에서 날붙이를 완전히 금지하는 걸 고려할 수 있겠으나 이는 터무니없는 발상이다. 사람들이 뛰어내릴 수 있는 높은 장소나 익사할 수 있는 바다와 강물을 없애는 것도 불가능하다. 옹호론자들은 제로 비전이 손쉽게 의사소통할 수 있으며 노력할 가치가 있을 만큼 영향력이 강한 목표이니 반대할 이유가 없다고 주장한다. '자살 제로'가 '자살 줄이기'보다는 더 그럴싸하게 들리지 않는가.

비판자들은 불가능한 목표를 세움으로써 의지가 꺾일 수 있음을 우려한다. 불가능한 목표를 세우면 프로젝트의 신빙성이 약해지기 마련이며, 실질적인 연관성이 떨어지는 요식적인 탁상행정으로 비칠 가능성이 있다는 것이다. 해마다 달성할 수 없는 목표를 뒤쫓으며, 목표를 달성하지 못하게 된 게 누구 탓인지 '서로 비난을 전가하는 상황'이 벌어질 수 있다. 사실 진짜 문제는 비현실적인 목표인데도 말이다. 제로 비전은 모든 자살을 예방할 수 있다고 해석할 여지가 생기므로 유족들에게 더 큰 부담을 안길 위험도 있다. 유족들은 자살을 암시하는 신호를 포착하고, 무언가 조치하고, 전화로 도움을 요청했어야 하는 게 되기 때문이다.

자살 제로 비전은 스웨덴의 공식 정책이지만 다른 국가에서도 권장되고 있다. 미국의 '자살 예방을 위한 전국 행동 연합'National Action Alliance for Suicide Prevention이라는 조직은 자살을 '네버 이벤트'never event, 즉 '절대 일어나서는 안 되는 사건'이라고 부른다.

사람들이 보편적으로 두려워하는 것을 없애겠다는 목표를 비판하는 것은 사회적 자포자기에 아슬아슬하게 걸쳐 있는 행위일지도 모르겠으나, 그럼에도 의학윤리학자인 니르 에이얄Nir Eyal과 만네 회스트란트Manne Sjöstrand는 바로 이러한 비판을 가한다. 윤리학자와 철학자에게는 무엇 때문인지 높은 수준의 사회적 바람직함에 저항하는 경향이 있다. 에이얄과 회스트란트는 〈자살 제로라는 환상〉The phantasm of zero suicide이라는 제목의 논문에서 철저한 논리적 정확성을 바탕으로 주장을 전개한다.[53] 이들은 제로 비전을 적용할 수 있으려면 목표는 모든 자살을 막는 것이어야 한다고 주장한다. 이로부터 모든 자살은 방지할 수 있으며, 모든 자살을 방지하는 것이 바람직하다는 결론으로 이어진다. 후자는 특히 뜨거운 논쟁을 불러 일으켰다. 모든 자살을 방지하는 게 바람직하지 않던가? 여론은 대체로 특정 상황에서의 조력사에 찬성하고 있으며, 많은 사람이 극단적인 상황에서 더 끔찍한 죽음을 피한다는 등의 이유로 자살을 고려할 수 있다. 연구자들은 제로 비전에 내포되어 있듯 자살을 엄격히 금지할 경우 사람들의 자율성에 비합리적일 정도로 개입하게 될 수 있다고 주장한다.

죽음에서 멀어지는 여러 길

알렉스는 집 바닥에 누워 고양이 두 마리를 바라보다가 불현듯 결심이 섰다. 그는 죽을 것이며, 이는 자기 자신은 물론 자기가 짐일 뿐인 그의 가족과 고양이들에게도 부담을 덜어 줄 것이다. 섭식장애와 그에 따른 우울증은 삶의 욕구를 모조리 지워 버렸다. 그는 의무적으로 존재하고 있을 따름이며, 터널에 들던 빛도 한참 전에 사라져 버렸다. 결코 나아질 수 없을 것이다. 자기 몸과의 싸움에서 승산이 없었다. 알렉스는 그게 치가 떨리도록 싫었다. '엿이나 먹으라지.' 알렉스는 먼저 고양이들이 머물 곳을 찾은 후에 행동에 나설 계획이다.

알렉스는 죽을 날짜를 정했다. 그러나 이후 알렉스는 주치의에게 계획을 털어놓았다. 주치의는 정신과 의사를 연결해 주었으며 죽을 날짜가 도래하기 전에 엷은 희망의 빛이 들었다. 그래서 결단의 날, 알렉스는 스스로 목숨을 끊는 것은 좀 더 기다려도 되겠다고 생각했다. 나중에도 죽을 시간은 충분히 있을 것이다. 그저 아직 그 시간이 오지 않았을 뿐이다.

실제 있었던 이 이야기는 다양한 버전으로 변형될 수 있을 것이다. 죽음으로 끝나는 경우는 다행히도 예외적인 경우로, 죽음에서 멀어지는 여러 길이 존재한다. 죽고자 하는 바람은 시간이 지남에 따라 바뀌기 마련이므로, 대체로 이러한 바람이 사라질 때까지 삶을 이어 나가는 것이 도움이 된다.

자살 관념은 심각한 우울증의 핵심적인 부분이며, 누군가가 죽고 싶어 할 때 가장 먼저 떠올리는 이유가 우울증이기는 하지만 과학적인 근거에 따르면 약물 치료는 자살하고자 하는 마음을 약하게 만든다. 이상하게 들릴 수도 있지만 사실은 그렇게 이상할 것도 없다. 우울증 치료 연구를 떠올려 보자. 우울증이 있는 사람을 처치 A, 처치 B 또는 위약군에 배정한다. 우울증이 있는 사람이 효과적인 치료를 받지 못하도록 하는 것은 윤리적인 문제가 있으므로, 이러한 연구는 위약군에 배정된 사람이 적절한 치료를 받기 전까지 짧은 시간 동안 이루어진다. 일반적으로 200명이 참가하며 8주 동안 진행된다. 이런 연구를 할 때는 자살 경향이 있는 사람을 배제하곤 한다. 이러한 사람들은 위험성 때문에 위약군에 배정되는 경우를 용납할 수 없기 때문이다. 제한적인 인원이 참여하며 모니터링도 짧은 기간만 진행되기 때문에 자살에 대한 영향을 발견하기란 거의 불가능하다.

예외적인 약물은 리튬이다. 리튬은 양극성 장애와 심각한 우울증 치료에 사용된다. 리튬은 재발을 방지할 수 있다는 강점이 있다. 리튬이라는 원소는 1818년에 카롤린스카 연구소 소속 연구원이 엽장석을 살펴보다가 발견했다. 이 엽장석은 그보다 몇 년 전 스톡홀름 군도의 우퇴에서 발견된 것이었다. 리튬은 몇몇 온천수에도 포함되어 있어 건강에 좋은 것으로 여겨졌으며, 전통적으로 신장결석 등의 치료에 사용되어 왔다. 1800년대 말에 리튬이 우울증에 효과가 있다는 보고가 나오기 시작했다.[54] 1900년대 초반에는 리튬 약물을 함유한 탄산음료가 출시됐다. 일례로 한때 코카콜라는 코카인을 함유한 바 있다. 리튬은 잠재적으로 건강에 유익하다고 여겨진 특성 때문에 1948년까지 '세븐업'이라는 탄산음료에 함유되었다. 이 음료의 이름에서 '7'은 리튬의 원자량을 가리킨다.[55]

어느 바이올린 제작자의 죽음

F.B.는 사람이 의지만 있다면 뭐든 해낼 수 있다고 믿는 역사

학 교수이자 군 장성의 아들이었다. F.B.는 학업에서 아버지의 기대를 충족하지 못했으며, 무엇도 성공해 내지 못할 것이라는 말을 늘 듣고 자랐다. 대학에서는 다양한 과목을 배웠으며, 마침내 음악을 전공하기로 결심했다. 그의 아버지가 바라는 것과는 정반대의 길이었다.

F.B.는 결혼하여 다섯 자녀를 두었으며, 집안 분위기는 사려 깊고 다정했다. 그가 자랄 적에 겪었던 것과는 전혀 다른 분위기였다. 그는 학자로서의 경력을 뒤로 하고 바이올린 제작자의 길을 택했다. 그는 악기를 만드는 솜씨가 뛰어났지만 판매하는 데에는 영 소질이 없었다. 그는 가족을 부양하는 데 어려움을 겪었다. 그는 서서히 하지만 분명하게 자신감을 잃기 시작했으며, 우울감을 겪다 끝내 일을 할 수 없는 지경에 이르렀다. 그의 아내는 여섯째 아이를 가진 것 같다고 말했다.

그는 지푸라기라도 잡는 심정으로, 공식적인 바이올린 제작자로 인정받기 위해 장인 시험을 치렀다. 그렇지만 그는 전통적인 방식으로 바이올린을 제작하지 않았기 때문에 시험에서 탈락하고 말았다. 그 이후 그는 극도로 폭력적인 성향을 드러냈으며 심각한 자살 시도도 감행했다. 그는 아내에게 이렇게 편지를 썼다.

> 아무것도 도움이 되는 게 없어. 모든 걸 다 시도해 봤어. 지상에서의 삶을 떠날 순간만을 기다리고 있지. 내 삶은 모든 측면에서 실수로 점철되어 있다는 걸 이해하는 게 중요해. 나는 친척 대부분과의 관계를 망쳤고, 당신과의 관계도 똑같이 망치기 직전이지. 모든 게 잘못됐어, 항상, 내내, 언제나. … 나는 항상 마지막 탈출구로 자살을 남겨 뒀어. 어쩌면 처음 목숨을 끊으려고 했을 땐 진심이 아니었을지도 모르지. 다음번엔 내가 진심으로 원할 때 자살할 거야.[56]

병원에서 퇴원한 후 F.B.는 완전히 아내에게 의존하게 되었다. 이듬해 그는 정신과에 다니며 치료를 받았다. 결혼생활이 위기에 처한 후 그는 폐쇄병동에 입원시켜 달라고 요청했다. 그는 2주 후에 퇴원했다. 그가 집으로 돌아온 날, 가까운 친구가 암으로 사망했다. 이틀 후 F.B.는 공격적으로 분노를 표출하며 작업실에 있던 모든 악기를 부수었다. 그는 아내에게 목숨을 끊겠다고 말하고는 자동차 열쇠를 받아 들고는 시동을 걸고 떠났다. 그러고는 병원에 가서 약을 받았다. 이후 숲으로 차를 몰고 간 F.B.는 알약을 죄다 삼켰다. 그는 하루가 지난 후 발견됐다.

스스로 목숨을 끊기를 시도한 후 끝내 자살하는 사람들을 막기 위한 새로운 처치 요법에 대한 구상은 심리학자 라디슬라프 발라흐Ladislav Valach와 정신과 의사 콘래드 미셸Konrad Michel이 1995년 스위스 베른의 정신과 의원 휴게실에서 만났을 때 탄생했다. 바이올린 제작자의 정신과 의사였던 콘래드는 라디슬라프에게 세계보건기구(WHO) 연구에 함께하지 않겠느냐고 제안했다. 이 연구는 자살에 있어 정신과적 문제의 역할에 관한 것이었다. 라디슬라프는 물론 연구에 동참하고 싶었으나 이렇게 답했다. "자살은 질병이 아니죠." 그는 자칭 '행위 이론'action theory에 대해 설명했다. 이에 따르면 자살은 삶의 다양한 목표와 관련된 사건이다. 바이올린 제작자인 F.B.는 자기 목표, 즉 가장으로서 훌륭한 아버지이자 존경받는 바이올린 제작자가 되는 것에 실패했다.

자살은 삶의 목표를 달성하지 못했을 때 느끼는 존재론적 위협에 대한 해결책으로 비친다. 바이올린 제작자의 세계에서 자살은 이러한 논리적 과정을 거쳐 목표 지향적인 행위로 여겨진다. 다른 사람들의 눈에는 비논리적이지만, 삶의 목표를 달성하지 못했다는 실패에 대처하는 것이 목표라면 죽음으로의 도피는 이해할 수 있는 게 된다. 라디슬라프의 처치 구상에 따르면 자살을 가장 잘 이해하는 방법은 개인 삶의 서사를 통해서 그리고 그가 삶에서 어떤 노력을 기울였는지를 통해서 보는 것이다.

그 둘은 자살을 시도한 사람을 대상으로 '자살 시도의 단기 중재 프로그램'Attemped Suicide Short Intervention Program, ASSIP이라는 처치를 시작했다. 인터뷰 내용을 녹음하는 첫 번째 대담에서 무엇이 자살을 시도하게끔 이끌었는지에 대한 생각을 전체적으로 파악하고자 시도한다. 두 번째 대담에서는 함께 녹화한 영상을 보며, 세 번째 대담에서는 새로운 위기 발생을 저지하기 위해 세운 계획을 한층 구체화한다.

다시 말해 ASSIP에서는 환자와 함께 환자의 관점에서 무엇이 그를 자살 시도로 이끌었는지를 탐구한다. 의학 전문가는 한 발 뒤로 물러서며 환자가 직접 전문가가 되도록 하는 것이다.

콘래드 미셸은 기존에 자신의 관점은 환자가 얼마나 불운한지를 토로하고 있을 때 "당신은 우울증이 있어요, 치료가 필요해요."라고 말하는 식이었다고 밝혔다. 환자와 의사가 서로 다른 말을 하고 있던 셈이다. ASSIP을 통해 보건의료 종사자는 환자 삶의 서사를 이해하고자 시도한다. 콘래드는 바이올린 제작자에게 그의 자살 관념이 무엇에서 비롯했는지 물을 수 있었으며, 그 과정에서 스스로 얼마나 실패자라고 느꼈는지도 들을 수 있었을 것이다. 그랬더라면 그 감정에 대처하는 방법도 발견할 수 있었을 테고 말이다.

ASSIP은 자살 위험의 매듭을 풀고자 한다. 다시 말해 다양한 자살 위험 요소와 자살 시도의 배경에 있는 개인의 경험을 구분하는 것이다. F.B.는 남성으로 앞서 스스로 목숨을 끊고자 시도한 바 있으며, 분노 조절에 문제가 있는 데다 최근 가까운 친구를 잃었다. 이러한 것들은 F.B.가 앞으로 자살로 사망할 위험이 높음을 알려준다. 그렇지만 왜 그가 자살하려고 하는지에 대해서는 알려주는 바가 거의 없다. F.B.는 자살하고자 하는 이유를 '자신이 남자라서' 혹은 '앞서 목숨을 끊으려는 시도를 했기 때문에'라고 하지는 않을 것이다.

ASSIP에 대한 관심이 높아지게 된 것은 가까운 시기에 자살을 시도한 120명을 기존에 받던 치료에 더해 ASSIP에 무작위로 참여하게 한 연구가 발표된 2016년부터다. ASSIP에 참여하지 않은 60명 중 44명은 2년 후 다시 자살 시도를 한 반면, ASSIP에 참여한 60명 중에서는 2년 후 자살 시도를 한 사람이 5명에 그쳤다. 그야말로 선풍적인 효과를 낸 것이다. 이후 핀란드에서 이루어진 연구에서 ASSIP의 효과가 위기 지원과 같은 수준임이 확인되었으나, 더 많은 연구가 현재 진행 중이다.[57] 일부 효과를 보인 여러 다른 유형의 개입이 확인되었다.

가스를 비롯해 맹독 약물 등 위험한 자살 방법을 없애는 것의 효과는 이미 입증되었다. 그러나 자살 예방은 대체로 개인에게 초점을 맞추고 있으며, 이 때문에 사회적으로 야기될 수 있는 위험을 망각할 수도 있다.

자유를 되찾기 위한 선택

1815년 12월 19일 아침, 안나는 워싱턴 DC의 F 스트리트에 있는 밀러 여인숙 3층 다락방 창문 밖으로 몸을 던졌다. 안나는 결코 워싱턴 여성(그런 게 있다면 말이다)이 아니었다. 안나는 자신의 두 아이 그리고 다른 세 명의 노예와 함께 다락방에 갇힌 신세였다. 이들은 모두 조지아의 노예주에게 팔린 상태였다. 그러나 그전 주인은 안나의 남편은 팔아넘기지 않았으며 출발 전에 남편을 만나는 것도 허락하지 않았다. 다시 말해 가족이 뿔뿔이 흩어질 처지였다.

안나가 F 스트리트의 보도블럭을 향해 창문 밖으로 몸을 던진 순간, 안나는 노예제의 핵심적인 원칙을 폐기한 셈이었다. 노예제의 핵심 원칙은 한 사람이 다른 사람의 신체에 대한 소유권을 가질 수 있다는 것이다. 만약 안나가 죽는다면 그의 새 소유주는 안나의 값어치를 모조리 잃게 될 것이다. 그러나 안나는 죽지 않았고, 그의 이야기가 널리 보도되며 노예제를 폐지해야 한다는 여론을 형성하는 데 기여했다.

노예의 신체에 대한 노예주의 통제와 노예가 이에 저항하며 자살을 통해 자신의 신체를 파괴하는 현상 간의 싸움은 시저Caesar의 사례에서 극명하게 확인할 수 있다. '탈주' 노예 시저는 1758년 사우스캐롤라이나 찰스턴에서 잡힌다. 그는 자살로 사망한 다른 노예의 목을 베라는 노예주의 명령에 도

망쳤다고 밝혔다. 노예주는 노예를 자산으로 생각했으므로 잃고 싶지 않아 했다. 자살은 노예제에 위협이 되기 때문에, 자살한 자가 끔찍한 결과를 맞게 한다면 이를 줄일 수 있으리라 생각한 것이다.[58] 노예가 되기를 강요받은 사람은 자신의 신체가 다른 사람의 소유물이므로, 그에게 남은 최후의 수단은 자신의 몸을 스스로 파멸시키는 것이다.

노예제의 사례는 사회적인 부분에는 관심을 기울이지 않고 개인에만 초점을 맞추는 것은 불가능함을 방증한다. 우리는 안나의 사례를 개인의 관점에서 볼 수도 있으며, 다양한 위험 요인으로 인해 그가 취약한 상태였다고 간주할 수 있다. 그러나 이렇게 접근할 경우 사회적인 이유인 노예제를 간과하게 된다. 안나가 가족과 생이별하여 팔려나갈 처지라는 점을 말이다. 사회가 살 만한 삶을 위한 여건을 조성한다는 것은 이러한 종류의 무척 위험한 상황을 제거하고 노예제에 내포된 불공정함을 타파한다는 것을 의미한다.

그렇다면 오늘날 사람들을 막다른 길로 내모는 상황에는 무엇이 있을까? 강제 노동은 안타깝게도 여전히 지속되고 있다. 위험한 근무 여건도 마찬가지다. 인신매매, 사회적 법규와 규범 등이 사람들을 위험한 관계에 갇히게 만들고 있다. 예를 들어 자유를 찾을 가망이 없는 폭력적인 파트너를 들 수 있다. 사회적 유해 요소의 목록은 끝이 없다.

사회의 유해 요소들

"결코 도박을 하지 않겠어!" 에바가 남긴 마지막 말이었다.[59] 유서에 이렇게 적은 그의 나이는 불과 26세였다. 유서에서 에바는 도박 의존증에 대한 회의를 드러냄과 동시에 가족에 대한 사랑을 밝혔다. 그는 도박으로 쌓인 빚을 청산하기 위해 고군분투했으며, 수십만 크로나에 이르는 도박 빚을 갚는 데 가족의 도움을 받았다. 그러나 빚은 점점 쌓여만 갔고, 해묵은 채무를 감당하기 위해 새로 고금리 대부업을 이용하게 됐다. 가까운 사람들은 위험이 끝났다고 생각할 때도 그는 계속 도박을 했다.

에바가 자살한 이후 그의 어머니는 숨겨 두었던 모든 편지와 명세서를 발견했다. 에바가 자살했을 당시 그에게는 115곳의 채권자가 있었다. 에바가 죽은 이튿날, 휴대전화에는 도박장에서 보낸 문자가 울렸다.

에바의 어머니는 인터뷰에서 "끊임없이 메시지가 왔어요."라고 말했다.

메시지에는 "에바 님, 안녕하세요. 어디 계신가요? 계속 즐기실 수 있게 4,000크로나를 입금해 드렸습니다."라든가 "돌아오세요, 4,000크로나의 보너스를 드렸습니다."라고 적혀 있었다.

온라인 카지노와 스포츠 베팅 사이트는 연간 7,000억 크로나 이상을 벌어들이는 것으로 추산된다. 수입의 대부분은 큰손에게서 발생한다. 도박장 홈페이지에는 '책임감 있게 즐기기' 페이지로 이어지는 링크와 도움을 받을 수 있는 곳의 연락처가 게시되어 있다. 그러나 나는 대부분 돈을 잃게 되는 도박의 딜레마를 모든 사람이 이해할 수 있으리라 생각한다. 경기 결과 하나를 두고 재미 삼아 도박을 할 수는 있다. 그러나 매달 월급의 전부를 도박에 쏟아붓기 시작하면 대체로 좋은 결과로 이어지지 않는다.

그럼에도 사회는 에바가 그런 상황에 처하도록 그냥 내버려두었다. 도박할 자유, 그리고 때로는 가지고 있는 모든 것도 모자라 대출까지 받아 도박을 할 수 있는 자유가 더 적극적인 규제를 통해 위험으로부터 사람을 보호하는 것보다 우선시된 것이다.

가정용 가스의 성분을 바꿔 위험하지 않게 만들었을 때 그 누구도 과거의 유독 가스로 되돌려야 한다며 아쉬워하지 않았다. 누구의 자유도 저해하지 않으면서 사회를 더 안전하게 만들 수 있는 것이다. 그러나 빚더미에 올라앉은 에바의 삶을 살 만한 것으로 만들기 위해서는 다른 사람이 문자로 대출을 받을 자유와 지나치게 큰 금액을 도박에 걸 수 있는 자유를 제한해야 한다.

여러 연구에 따르면 도박 문제를 가지고 있는 사람의 자살 가능성은 그렇지 않은 사람에 비해 15배 높다. 도박 문제를 가지고 있는 사람들이 자살 관념 문제로 상담을 요청하는 경우는 일반적이며 7~30퍼센트는 스스로 목숨을 끊는 시도를 한다.

퇴거 명령, 즉 임대인이나 공무 집행 당국이 거주지에서 임차인을 나가도록 강요하는 상황은 또 다른 심각한 위기 상황이다. 이처럼 누군가 해결하기 어려운 곤경에 처하게 되는 경우 자살 위험이 급격하게 증가하곤 한다. 이렇게 위험한 상황은 그 밖에도 찾아볼 수 있다. 몇몇 상황에서는 개인이 자기 자신을 보호하기도 어렵다. 일례로 사회가 누군가의 마음이 다치지 않게끔 하기란 쉽지 않다.

하지만 사회를 한층 안전하게 만들 수는 있으며, 역사적으로도 이러한 선례를 찾아볼 수 있다.

살 가치가 있는 삶의 가능성

사회는 개인이 자살로 사망하는 것을 막기 위해 다양한 유형의 조치를 할 수 있다. 그러나 삶을 더 살 만한 가치가 있는 것으로 만들 수도 있을까? 시간이 흐름에 따라 자살자 수가 바뀌며 국가와 지역마다 자살자 수에 차이가 있음은 사회를 바꿀 여지가 있음을 시사한다. 그렇다면 모두가 항상 삶이 좋다고 생각하는 세상이 있을 수도 있을까? 물론 이 질문에는 간단히 '아니오.'라고 답할 수도 있다. 삶을 살 만하다고 느끼기 어렵게 만드는 질병이 있기 때문이다. 완벽한 세상은 존재하지 않는다.

스웨덴에서 4월에 마당에 토마토를 심는다면 토마토는 추위는 물론 햇빛이 부족해 죽고 말 것이다. 만약 내가 너무 취약한 식물을 택했다고 생각한다면 오산이다. 잘못된 것은 여건, 즉 이 경우에는 계절이다. 개인에게만 초점을 맞추고 삶의 여건이 미치는 영향을 놓친다면 자살에도 동일한 추론을 하게 되는 셈이다.

어떻게 하면 사람들을 추위와 메마름에 말라 죽는 토마토가 되지 않게 할 수 있을까? 인간에게 태양과 물과 같은 존재는 무엇일까? 태양과 물은 삶을 좀 더 살 만한 가치가 있게 만들어 주는 것일 터이다. 유의미한 삶, 혹은 어쨌든 충분히 유의미한 삶 말이다.

제9장

무의미하고도 유의미한 삶

✦

유의미함이라는 감정은 우리가 삶을
더 나은 방식으로 형성하는 데 도움이 되며,
중요한 것을 향해 나아갈 수 있도록 해준다.
인간적인 현상으로서 유의미함을 느낀다는 것은 동시에
그 반대되는 상황, 즉 의미를 상실했을 때
취약해질 수 있음을 의미한다.

유의미한 삶이란 대체 무엇일까? 사람들은 수천 년 동안 이 문제에 골몰해 왔다. 삶이 유의미하게 느껴진다는 것은 일반적으로 삶에 목적의식이 있으며 인간으로서의 유의미함을 느끼는 것을 말한다. 의미가 있다고 느끼는 것은 바람직한 상태이며, 같은 맥락에서 의미가 없다고 느껴지는 것은 피해야 할 상태이다.

모든 인간의 90퍼센트는 삶에 의미가 있다고 답한다. 지금 당장 우리가 하고 있는 행동이 큰 관점에서 보았을 때 실질적으로 딱히 중요하지 않다고 하더라도 말이다. 어쩌면 우리는 삶이 원래 그리 대단치 않은 것이라는 점을 놓치고 있던 걸까?

그러나 대부분의 사람에게 의미란 삶을 영위해 나가는 행위에만 있지 않다. 의미는 거의 모든 활동에서 찾을 수 있다. 경기에서 이긴 적이 거의 없는 지역 축구팀의 경우, 누군가에게는 딱히 개인적으로 도움이 되지 않더라도 바로 그 팀에 속해 있다는 사실 때문에 유의미한 활동이라고 느낄 수 있다. 사람들은 새를 관찰하거나, 야구 카드를 모으거나, 양파를 졸여 블로그에 올리거나, 난꽃에 관심이 높은 사람끼리 모임을 만드는 등 다양한 활동을 한다. 인간은 거의 아무것도 아닌 일에서 유의미하다는 감정을 추출해 내는 데 탁월하다. 만약 이별이나 우울증 때문에 다른 사람과 같은 무리에 속해 있다는 감정이 느슨해지면 자살할 위험이 높아진다.

종교는 의미를 뒷받침할 수 있는 가치 체계 중 하나로, 자살을 가로막는 주요 요인 중 하나다. 삶의 의미를 고찰하는 사람들에게 세계 곳곳의 종교는 답을 제공한다. 절대적인 힘을 가진 신이 있고, 당신은 신을 본떠 만들어진 인간이며, 단순한 동물이 아니라 영혼이 있다고 말해 준다. 당신은 자유의지와 동인을 가지고 있으며, 당신이 하는 행동은 그 후의 삶이 어떻게 펼쳐지든 의미가 있다고 말이다. 또한 영원토록 지속되는 윤리적인 규범도 있다. 동시에 종교는 영원한 진실을 둘러싸고 어느 정도는 실용적인 태도를 취하기도 한다. 예전에는 지구가 우주의 중심이라고 주장하며 이에 동의하지 않는 사람들을 살해하기도 했으나, 이제는 지구가 태양 주변을 돈다는 사실을 받아들이는 것처럼 말이다.

기원전 384년에 태어난 아리스토텔레스는 수학부터 논리학, 생물학, 지질학에 이르기까지 모든 부문에서 뛰어났다. 아리스토텔레스는 모든 것에는 본질이 내재되어 있다고 주장했다. 이 세상 전반과 마찬가지로 인간에게는 태어나기 전부터 본질, 의미, 목적이 있다는 것이다. 우리는 태어나면서부터 그에 따라 살게 되는 셈이다. 이 관점에 따르면 연구자들의 행위는 세상의 실체를 드러내는 것에 불과하다. 기독교와 다른 종교에서는 이러한 본질주의적인 세계관을 수용하고 확장했다. 당신이 직접 모든 것의 의미를 찾을 필요가 없다고 본 것이다. 신이 이미 당신을 위해 의미를 예비해 두었다는 이 관점은 수천 년을 이어지게 된다.

1900년대의 철학자 칼 포퍼Karl Popper는 과학적 발전을 위해서는 실증적인 반증 가능성이 핵심이라고 주장한 인물로 가장 널리 알려져 있다. '모든 백조는 희다'라는 명제는 검은 백조 한 마리만 발견하면 반증할 수 있다. 그러나 포퍼에 따르면 '더 높은 힘이 우주를 지배한다'는 명제는 반증할 수가 없으므로 과학의 영역에 속하지 않는다. 1945년에 발간된 《열린 사회와 그 적들》이라는 저서에서 포퍼는 아리스토텔레스의 본질주의가 잘못되었으며 이로 인해 발전이 저해되고 있다고 보았다.[60] 포퍼에 따르면 아리스토텔레스의 본질주의는 진실이 사전에 정해져 있으며 권위에 의하여 전달된다는 관점이다. 포퍼는 이것이 권위주의적인 정권을 뒷받침한다고 보았다.

인간을 한층 과학적이고 미신에서 벗어난 시선으로 바라보는 행위는 아리스토텔레스와 대규모 종교에서 주장하는 것에 배치된다. 즉, 영혼은 존재하지 않으며, 자유의지도, 사후 세계도 없다. 당신은 신을 본뜬 피조물이 아니다. 자명한 윤리도 없으며 자연스럽게 수행하게 될 의미도 없다. 의미란 우리가 만드는 것이며 시간이 지남에 따라 바뀌는 것이다. 이러한 관점은 다소 차갑고 냉정하게 보일 수 있다. 80억 년의 시간과 지금도 지속적으로 팽창하고 있는 세계 속에서 개인의 삶이란 게 하잘것없다는 생각에는 존재론적 고뇌가 뒤따를 수 있다.

삶에 이미 정해진 본질이 있다는 아이디어는 철학적으로 실존주의와 대척점에 있다. 우리는 우리의 바람과 관계없이 삶에 내던져진다(독일어에는 '게보르펜하이트Geworfenheit'라고 이를 칭하는 용어가 있다). 살아가도록 내동댕이쳐짐으로써 우리는 선택을 통해 자기 자신을 만들어 나간다. 장폴 사르트르는 인간은 자유를 선고받았다고 주장했다. 자유는 우리에게 수많은 선택지를 제시한다. 선택하지 않기를 택하는 것도 한 가지 선택이다. 우리의 선택은 우리의 삶을 진실되게 만들어 준다. 또한 그렇기 때문에 우리는 우리 삶에 온전한 책임을 져야 한다. 미리 정해진 의미 같은 것은 없다. 오로지 당신에게 달린 것이다. 단 한 번뿐인 당신의 삶에 말이다.

뇌과학과 삶의 의미

뇌과학 분야에는 신경존재론Neuroexistentialism이라는 움직임이 있다. 신경존재론은 신경과학의 지식을 사용하여, 전지전능한 신이 통치하는 세계가 아니라 우리가 직접 의미를 찾아 나서야 하는 세계에 산다고 생각할 때 발생하는 존재론적인 허점을 이해하고자 한다. 풀기 어려운 퍼즐이 가득한 가운데 뇌과학은 계속해 우리를 당혹스럽게 한다. 우리 뇌가 어쩌다가 주관적인 의식을 갖게 되었는지는 여전히 '어려운 문제'로 남아 있으며, 사상 최대의 과학적 난제 중 하나다.

심리학 교수이자 인지신경과학의 아버지라고도 불리는 마이클 가자니가Michael Gazzaniga는 "솔직해져 보죠. 우리는 모든 행동을 자동적으로 처리하는 뇌를 가지고 있으면서도 뇌가 어떻게 작동하는지를 설명할 수 없습니다."라고 했다.

그렇지만 좋은 소식도 있다. "우리 인간에게는 번역기가 있다. 왼쪽 반구의 이 번역기는 우리가 왜 그렇게 느끼고 그런 식으로 행동하는지에 대한 설명을 짜낸다. 모든 이야기는 고유하고 불꽃이 튄다. 질문은 이것이다. 있는 그대로 존재한다는 것이 대체 뭐가 문제인 걸까?"[61]

가자니가는 우리 뇌에 있는 멋진 기계에 자부심을 느껴야 한다고 생각한다. 인간의 뇌가 바로 자아 의식이 있는 서술자라는 사실에 말이다.

연구자들은 자유의지가 존재하는 정도 혹은 자유의지가 사실은 이야기를 지어내는 우리 뇌의 속임수인지에 대해 의견 일치를 이루지 못하고 있다. 일각에서는 뇌에서 우리가 하는 행동을 우리 스스로 결정하는 뇌 속 극장을 만들어 내고 있다고 주장한다. 그러니까 식당에서 특정 종류의 감자튀김을 선택할 때 마치 당신이 독립적인 선택을 하는 듯 느껴진다는 것이다. 그러나 일부 철학자와 연구자는 이러한 선택을 뇌가 주변 환경과 협동하여 처리하는 다양한 프로세스로 이루어져 있다고 본다. 이때 통제권을 쥐고 있다는 감정은 추후에 생겨난다는 것이다.

우리 뇌가 유의미하다는 감정을 어떻게 형성하는지는 근육 반사의 원리나 망막의 신경세포에 빛이 닿았을 때 뇌에서 주황색 오렌지의 이미지를 만드는 방법보다 훨씬 복잡하다. 그럼에도 의미가 뇌 속에서 발생해야 한다는 점은 자명하다. 그러나 사람의 뇌를 조사하여 그가 삶을 유의미하거나 무의미하다고 판단하는지 결론을 내리는 것은 불가능하다.

우리가 의미를 느낄 수 있다는 것에는 이점이 있다. 유의미함이라는 감정은 우리가 삶을 더 나은 방식으로 형성하는 데 도움이 되며, 중요한 것을 향해 나아갈 수 있도록 해준다. 목표를 달성하는 것은 유의미하다는 감정을 주며, 이때 뇌에는 만족감이라는 감정을 제공하는 분명한 보상 체계가 있다. 인간적인 현상으로서 유의미함을 느낀다는 것은 동시에 그 반대되는 상황, 즉 의미를 상실했을 때 취약해질 수 있음을 의미한다.

물고기도 우울증에 걸릴 수 있을까?

인간의 뇌는 우주에서 가장 복잡한 창조물로, 약 1,000억 개의 신경세포와 그와 비슷하게 많은 수의 지지 세포로 구성되어 있다. 각 신경세포는 수천 개의 다른 신경세포와 소통하며 도파민, 세로토닌, 노르아드레날린과 같은 신호 전달 물질을 사용하여 정보를 전달한다. 놀라울 정도로 많은 수의 다양한 신경세포가 뇌 안쪽에 꽁꽁 싸매어져 있다는 사실 때문에 이를 연구하기란 쉽지 않다. 공포를 느낄 때 뇌의 특정 영역이 활성화된다는 사실은 알지만, 훨씬 복잡한 일을 처리하는 다양한 신경세포의 종류를 정확히 짚어 내기란 어렵다.

이러한 측면에서 뇌를 연구할 수 있게 해준 새로운 매혹적인 방법이 있으니, 바로 광유전학optogenetics이다. 광유전학의 역사에서는 아주아주 자그마한 클라미도모나스 레인하르티Chlamydomonas reinhardtii라는 조류藻類가 무척 중요한 역할을 했다. 클라미도모나스 레인하르티는 토양에서 발견되는 단세포 유기체로, 지난 수십 년 동안 세포의 내부 메커니즘을 연구하는 데 활용되고 있다. 클라미도모나스 레인하르티의 겉면에는 옵신opsin(간상세포에 있는 시각색소인 로돕신을 구성하는 막단백질 – 옮긴이)이라는 청색광에만 반응하는 이온 통로가 있는데, 청색광을 쬐면 이 조류 내부의 이온 통로가 열린다.[62] 이 조류가 빛을 찾기 위해서는 옵신이 필요하다.

옵신을 제어하는 유전자가 무엇인지 파악되자 새로운 첨단 유전자 기술을 사용해서 조류의 유전자를 쥐의 신경세포로 옮기는 데 성공했다. 옵신은 도파민 신경세포처럼 연구하고자 하는 특정 신경세포에 배치되었다. 그런 다음 얇은 광섬유 케이블을 쥐의 뇌에 설치했다. 덕분에 청색광을 쬐면 이온채널이 열려 활성화되는 신경세포를 파악할 수 있었다.

이를 촬영한 동영상은 광섬유를 뇌에 이식한 쥐를 원격 조종하는 방법을 보여 주며 선풍적인 반향을 이끌어 냈다. 쥐 뇌의 특정 부분에 청색광을 쬐어 쥐가 원을 그리며 달리도록 만들 수 있었다. 이 기술을 사용하면 마치 전등을 켜고 끄듯이 신경세포를 켜고 끌 수 있다.

길이가 몇 센티미터에 불과한 제브라피시는 신경계와 유전자학을 연구하는 연구자들이 가장 아끼는 물고기다. 치어일 때에는 투명하기 때문에 뇌의 발달 과정을 쉽게 관찰할 수 있다. 쥐나 인간을 비롯한 포유류의 태아는 어미의 배 속에 있으므로 뇌의 발달 과정을 관찰하기가 훨씬 어렵다. 연구자들은 또한 제브라피시의 유전자 하나를 제거함으로써 유전체를 쉽게 조작할 수 있다는 사실을 발견했으며, 이를 통해 해당 유전자의 기능을 살펴볼 수 있게 되었다.

칼 다이서로스Karl Deisseroth는 정신과 의사이자 스탠퍼드대학교의 저명한 교수다. 그의 연구팀은 제브라피시 치어에 미세한 전류 자극을 흘리는 실험을 한 바 있다. 치어는 처음에는 스트레스를 주는 자극을 피하고자 빠른 속도로 이리저리 헤엄쳤다. 그러나 얼마 후에는 수동적으로 변했다.

연구원들은 적극적으로 맞서다가 포기하는 과정에서 물고기의 뇌에 무슨 일이 벌어지는지 살펴보았다. 인간을 포함한 동물에게는 위협에 맞서 에너지를 소비할 가치가 있거나 혹은 가만히 숨죽이며 에너지를 아끼고 힘든 시간이 지나길 기다리는 게 더 낫다고 판단하는 내적 프로그램이 있다고 추정한 것이다. 연구에 따르면 적극적인 회피 전략에서 소극적인 수용 태도로의 전환은 뇌의 특정 신경세포가 활성화되면서 발생하는 것으로 확인됐다.[63] 지금부터가 정말로 눈길을 사로잡는 내용인데, 이 신경세포를 광유전학적 방법으로 활성화하면 전기 자극이 없이도 물고기가 계속해 소극적인 태도를 보이도록 할 수 있었다.

이 연구를 통해 우울증에 걸린 사람이 보이는 것과 유사한 행동을 제어하는 신경의 구체적인 종류를 식별할 수 있게 된 셈이다. 물론 자포자기한 지브라피시가 우울증에 걸려 삶이 무의미하다고 느끼는 사람과 같지는 않다. 그렇지만 광유전학은 뇌와 뇌의 복잡한 기능을 한층 깊이 이해하는 문을 열어 주는 기술의 한 예시다.

나의 현실은 내가 만든다

우리가 감각 기관과 뇌를 통해 구체적으로 파악할 수 있는 이 세상의 모든 것은 원자다. 무질서한 원자로부터 우리는 고양이, 무지개, 나 자신 등을 파악한다. 고전적인 관점에 따르면 우리는 세상을 세 가지 단계로 경험한다. 첫째 단계에서는 시각, 청각과 같은 감각 기관이 주변 환경을 읽어 낸다. 이렇게 수용된 정보는 둘째 단계, 즉 뇌의 더 높은 차원에서 처리된다. 셋째 단계는 이러한 정보에 반응을 보이는 것이다. 반면 새로운 이론에 따르면 감각을 통해 수용된 정보는 뇌의 고차

원적인 부분으로 향할 뿐만 아니라, 뇌가 주변 환경에서 받는 입력을 '예측'함으로써 우리가 주변 환경을 파악하는 데 영향을 미친다. 예측 부호화[64]라고 하는 이 현상으로, 우리는 우리가 경험하리라 기대하는 세상을 경험하는 셈이다.

부엌에서 어떤 소리를 들었다고 해보자. 누군가와 함께 살고 있다면 아마도 동거인이 낸 소리라고 추측할 것이다. 고양이와 함께 살고 있다면 고양이가 낸 소리라고 해석할 것이다. 혼자 사는데 방금 공포영화를 보았다면, 이 소리 때문에 깜짝 놀랄 수도 있다. 뇌는 기억과 상황에 미루어 가장 가능성이 높은 소리가 무엇인지를 예측하려고 시도한다. 뇌가 잘못 예측한다면, 다시 말해 부엌에서 난 소리가 동거인 때문이 아니라 고양이 때문에 난 소리였다면 이는 실패한 예측이다. 실패한 예측은 실상에 대한 우리의 모델을 바로잡는 데 도움이 된다.

숲속을 걸을 때 나무를 한 그루씩 살피지 않고도 전광석화와 같은 속도로 나무를 나무라고 인식하는 것은 유용하다. 에너지를 다른 데 쏟을 수 있기 때문이다. 자폐증이 있는 사람이라면 이렇게 하기가 어려울 수 있다. 나무마다 껍질이 어떻게 생겼는지에 일일이 집중하다 보면 너무 많은 자극에 압도되는 기분을 느낄 수 있다.

뇌는 나무와 같은 사물의 모델만 구축하는 게 아니라

'나' 또는 '유의미함'을 구성하는 요소도 구축한다. 이때 모델을 형성하는 데 있어 뇌가 이미 가지고 있는 정보가 중요하게 사용된다. 이미 학습을 마친 완전한 모델이 있다면, 다시 말해 신께서 세상을 만드셨으니 삶이 유의미하다고 생각한다면 모델의 재료는 다 갖춘 셈이다. 하지만 그렇지 않은 경우라면 우리가 직접 모델을 구축해야 한다.

의미가 흔들릴 때 어떤 의미는 쉽게 경로를 바꿔 원래 상태로 돌아올 수 있는 반면, 어떤 의미는 꽉 틀어막힌 듯 골몰하게 된다. 우울증이 있는 사람은 삶에 아무런 의미가 없다는 생각에 불현듯 고통을 느낄 수 있다. 심각한 우울증이 있는 사람에게 삶이 어떤 식으로 완전히 무의미하게 느껴지는지를 알게 되면 깜짝 놀랄 것이다. 단순히 삶이 약간 무의미하다고 느끼는 데 그치는 것이 아니라 모든 것에 목적이 없다고 느끼기 때문이다. 자기 자식조차도 더 이상 아무런 의미가 없게 된다. 모든 게 무상할 따름이다. 그러면 갑자기 죽고자 하는 바람이 합리적이라고 여겨진다. 불과 몇 달 전만 하더라도 삶에 의미가 충분하다고 느꼈던 사람도 그렇게 생각할 수 있다. 이때에도 심리적 유연성이 중요하게 작용한다. 생각이 여기까지 미쳤다면 우울증이 있는 사람은 뇌의 네트워크가 처해 있는 상황을 바꾸기 어렵다.

내가 알던 세계가 무너졌다

정신병이 스며들기 시작하면서 우리가 알던 세계가 무너져 내리기 시작할 때도 일종의 무의미함을 느낄 수 있다. 앞선 경험이 흐릿해지고 별 이유가 없는 듯이 느껴지는 경우다. 한 환자는 정신병을 앓기 전의 시기를 이렇게 설명했다.

> 더 어렸을 적엔 책 속의 단어들이 낯설게 느껴질 때까지 뚫어져라 보곤 했어요. 그 단어가 무얼 의미하는지 진작에 배웠는데도 무슨 뜻인지를 파악할 수 없을 때까지요. 그러면 이런 궁금증이 들었습니다. 대체 단어라는 게 애초에 왜 의미를 갖는 거지? 묵시적인 규칙에 따라 글자들을 한데 조합해 놓은 것에 불과한데 말이야. … 이 숨겨진 규칙이라는 게 뭘까요? 생각과 행동을 지배하는 이 숨겨진 규칙이라는 게 저한테는 명확하지 않았어요. 다른 사람들은 익숙하게 느끼는 듯하지만요.[65]

한 환자는 정신병을 앓기 전에 무언가 거대한 것이 다가오는 감각이 느껴졌다며 이렇게 말했다.

> 갑자기 교실이 무지하게 커지고 끔찍한 전등이 켜지면서 가짜 그림자들이 생겨났어요. 모든 것이 정확하고 똑같이 인공적으로 극대화됐죠. 의자와 탁자는 이곳저곳에 놓인 모델처럼 느껴

졌고요. 학생들과 선생님은 별다른 이유도 목적도 없이 움직이는 마리오네트 같았어요. 저는 아무것도, 누구도 알지 못하는 느낌이었어요. 취약해진 현실이 이 모든 사물과 사람들로부터 미끄러지듯이 빠져나가는 듯했죠. 깊은 곳에서부터 올라온 공포가 저를 압도했어요. … 사람들의 말소리가 들렸지만 단어가 무얼 뜻하는지는 이해할 수 없었어요.

우리가 자명하게 이해해 왔던 세상이 더 이상 존재하지 않는다고 느껴질 때 얼마나 큰 충격을 받을지 이해하기는 어렵지 않다. 세상이 어떠할 것이라는 예상을 토대로 뇌에서 만든 모델이 더 이상 유효하지 않게 되는 상황 말이다.

정신병이 발달하고 있다는 또 다른 징후는 중요한 것과 무시해도 되는 것을 구분하는 필터가 더 이상 작동하지 않는다는 점이다. 다른 사람에게는 별것 아닌 일이 무척 중요하게 비치고 새로운 의미를 가질 수 있다. 마치 낙엽이 무언가를 암시하는 듯 느껴지는 것처럼 말이다.

일단 정신병이 완전히 발현하고 나면 마침내 모든 게 어떻게 상호 연관되어 있는지를 파악하며 안도감이 들 수 있다. 망상, 그러니까 사실이 아닌 상상은 세상을 새로운 방식으로 조합한다. 깨달음의 순간을 경험하는 셈이다. 갑작스럽게 최근 모든 게 이상하게 느껴졌던 이유가, 잠을 자는 사이에 이웃에서 방사선을 방출하고 있었기 때문이라고 이해하게 된다. 또 다른 환자는 이렇게 말했다.

> 뜬금없이 이런 '직관'이 들더군요. '저자들이 날 실험체로 택했구나.' 저는 인간의 몸에 욱여넣어져 지구에 오게 된 거예요. 내 몸이 낯설게 느껴졌던 이유가 설명되더군요. 지구에서의 삶이 생경했던 이유도요.

진실이, 세상의 본질이 드러나는 것이다. 하지만 불행하게도 잘못된 진실이다. 그러나 주관적인 관점에서는 이 잘못된 진실이 의미를 만들어 낸다. 망상은 적어도 일시적으로나마 개인의 목적의식과 삶의 의미를 증진할 수 있다. 내가 경험한 문제가 이웃집에서 내게 방사선을 쬐었기 때문이라고 이해한다면 이에 대처하기 위해 어떤 조치를 할지 파악할 수 있게 된다. 방사선 피폭을 줄이기 위해 블라인드를 설치하는 식으로 말이다. 그러나 의미란 단순히 목적을 갖는 것 이상을 뜻한다. 내게 무언가 의미가 있다고 느끼는 것, 다시 말해 모든 게 맥락을 갖는 일관성을 말한다. 세상을 이해할 수 있다는 감각 말이다.

유의미한 삶의 조건

당신에게 이웃을 죽일 기회가 있다고 상상해 보자. 당신은 이웃이 맘에 들지 않으며, 그의 돈이 필요하다. 당신이 붙잡힐 위험은 전혀 없다. 그렇다면 당신은 이웃을 죽일 것인가? 생각건대 아마도 당신은 이러한 상상에 불편한 마음이 들었을 것이다. 윤리와 가치관 때문에 대다수 사람이 이러한 선택을 하지 않는다. 처벌받을 위험이 전혀 없다고 하더라도 말이다. 이보다 덜 극적인 예시를 들어 보자. 이를테면 당신의 이웃이 말도 안 될 정도로 부유하다고 해보자. 당신은 이웃이 전혀 눈치채지 못하게 그의 재산을 일부 취하는 방법을 알게 되었다. 당신이 그렇게 해도 이웃이 추적할 방법도 없다. 이때도 자신이 옳다고 생각하는 가치관에 반하더라도 많은 사람이 여전히 이런 선택을 하지 않을까? 이러한 가치관은 우리가 생각하는 유의미한 삶의 모습을 결정하는 데 영향을 미친다.

대체로 의미있는 삶이란 목적을 실현하고 어떤 식으로든 인상을 남기는 삶이라고들 한다. 그렇다면 아돌프 히틀러의 삶은 어떻게 봐야 할까? 히틀러는 역사에 지울 수 없는 흔적을 남겼으며 뚜렷한 목적도 가지고 있었다. 그러나 거의 대부분 히틀러의 삶을 유의미하다고 보는 데 반대할 것이다. 사람들은, 유의미한 삶이란 긍정적이거나 선한 행동이 깃들어 있어야 한다고 생각한다. 그러나 히틀러처럼 거부감이 드는 사람도 주관적인 관점에서 보자면 삶이 유의미함으로 가득 차 있었을 수도 있다. '검은 개'black dog라는 별명으로 부를 정도로 심각한 우울증을 평생 안고 살아간 윈스턴 처칠은 이따금 유의미하다는 감정을 느끼지 못했을 수 있다. 그러나 사람들은 대부분 우리의 가치관에 훨씬 더 잘 부합하는 처칠의 삶을 유의미하다고 생각한다.

삶의 의미란 흔하디 흔한 질문처럼 느껴질 수도 있다. 삶은 존재할 따름이며 세상을 이해할 수 있는 서사, 즉 의미가 필요한 주체는 바로 우리 자신이다. 다만 모든 삶은 일종의 생물학적인 의미를 가진다. 우리의 유전자는 다음 세대로 이어지고자 한다. 우리는 과실수가 꽃을 피우기 위해서는 벌이 중요한 역할을 하는 생태계에 살고 있다. 이 생태계에서는 바닷속 깊은 곳의 플랑크톤도 이를 주식으로 삼는 고래에게 중요하며, 짜증 나게 구는 개미도 더 큰 맥락의 체계에서는 자신의 자리가 있다. 삶의 의미란 삶의 가치에 관한 것이며, 삶을 더 나은 것으로 만들어 주는 선행이 존재한다고 생각하게끔 한다. 다른 딸기보다도 유독 단 딸기가 있고, 당신에게 유독 더 큰 울림을 선사해 주는 음악도 있듯이. 우리는 삶을 대체로 유의미하다고 이해할 수 있다.

스웨덴의 영웅

삶의 유의미함은 이따금 갑작스럽게 바뀌곤 한다. 엠마 숄스Emma Schols는 여섯 아이를 둔 33세 여성으로, 아주 평범했던 어느 목요일 아침에 두 아이가 아래층에서 공포에 질려 내지르는 비명에 갑작스럽게 삶의 전환점을 맞이했다.

숄스는 인터뷰를 통해 "제가 내려왔을 땐 이미 불길이 거셌어요. 커튼이며 소파며. 처음에는 온몸이 마비된 것 같더니 이윽고 공포심이 밀려들었죠."라고 말했다.[66]

그는 아들들을 구하기 위해 문을 열었다. 갑자기 폭발음이 났다. 아래층의 문이 열리면서 공기가 유입되자 갑작스럽게 폭발을 일으킨 것이다. 숄스는 아들들을 보호하고자 몸을 던졌고, 등에 심각한 화상을 입었다.

하지만 숄스는 위층에 아이 네 명이 더 있다는 사실을 알고 있었다. 숄스는 불타는 계단을 올랐다. 두 아이는 밖으로 빠져나와 사다리를 꺼내고 있었다. 세 번째 아이는 사다리에 매달려 밖으로 나가고 있었다. 불길에 휩싸인 집에는 이제 여덟 살배기 몰리만 남아 있었다.

"한순간 저는 몰리가 더 이상 살아 있지 않을 거라는 확신이 들었어요. 그제야 처음으로 정신이 혼미해지는 느낌을 받았어요. 눈앞이 새카맸고 온통 연기가 가득했거든요." 숄스는 이렇게 말하고는 바닥을 기어서 움직였다고 설명했다. 숄스는 이어서 이렇게 말했다. "그런데 몰리가 아기 침대에서 공포에 질려 울고 있더군요. 저는 그쪽으로 가서 몰리를 안아 들고 나왔어요. 그런데 우리가 사다리를 타고 내려가던 중에 제 다리가 미끄러지면서 저는 그냥 아래로 떨어졌죠."

소방차와 구급차가 도착했다. 숄스는 온몸의 피부 93퍼센트에 화상을 입었으며 그 누구도 숄스가 생존할 수 있으리라 생각하지 않았다. 그러나 아이 여섯은 모두 안전했다.

반년 동안 병원에 입원한 상태로 지독하게 고통스러운 치료가 이어졌으나 숄스는 살아남았다. 전소한 집에서 자식을 모두 안전하게 구출해 낸 엄마의 이야기가 널리 퍼지며 숄스는 '스웨덴의 영웅상'Svenska hjältar을 받았다. 아이들에 대한 사랑으로 숄스는 문자 그대로 불길을 헤치고 나올 수 있었다. 이는 의미라는 게 우리 자신에게서만 비롯하는 게 아님을 보여 준다. 부모로서 아이를 향한 사랑 속에서 의미를 찾을 수도 있다. 숄스의 삶은 숄스 자신은 물론 다른 사람이 보기에도 새롭고 강력한 의미를 갖게 됐다.

삶이 바뀌는 순간들

누군가 자신의 삶을 유의미하다고 느끼도록 변화를 일으킬 수 있는 전환점이 되는 사건의 또 다른 예시를 살펴보자. 구원, 다시 말해 완전히 종교적인 변화를 겪는 것도 여기에 해당한다. 성인이 되어 주의력결핍과잉행동장애(ADHD) 또는 자폐증을 진단받은 경우, 자신의 삶을 새로운 관점에서 평가할 수 있다. 51세 여성은 "새롭게 태어난 기분이었어요. 자폐증 진단은 삶을 통째로 바꾼 사건이었습니다."라고 말했다. 또 다른 사람은 "더 이상 뇌 기능이 정상적으로 작동하지 않는 사람이라는 느낌이 들지 않았어요. 대신 제가 살면서 겪은 문제를 이해할 수 있게 됐어요."라고 말했다.[67] 자신의 정체성 혹은 정체성의 일부를 이해할 수 있도록 도움을 주는 진단은 의미를 형성할 수 있다.

일본은 무언가를 위해 상당히 공을 들이는 행위에 자긍심을 갖는 국가다. 공들여 가꾼 분재 나무, 여러 시간에 걸친 다도처럼 말이다. 결과가 중요하지 않다는 것은 아니나 결과에 다다르기 위한 각고의 노력 자체가 자긍심을 가질 대상이 된다. 이 문화권의 많은 사람들은 유의미한 삶을 위해서는 어느 정도의 고통이 불가피하다고들 입을 모은다.

힘겨운 시험과 스스로의 목숨이 촌각에 처하는 상황도 삶을 유의미하게 만드는 요소 중 하나다. 보스턴 출신의 리네아 올슨Linnea Olson은 45세에 제거할 수 없는 폐암을 진단받았다. 3년 후에는 3~5개월이면 삶을 마감하게 될 것이라는 통보도 받았다. 2018년에 올슨은 〈죽음이 다시 태어나는 것일 때〉When dying is a rebirth[68]라는 글을 한 저널에 기고했다. 당시 그는 실험적인 치료를 받은 덕에 죽음을 선고받은 뒤로도 10년 이상 생존했다.

이 글을 통해 올슨이 말하고자 했던 바는, 죽음을 통해 환생할 것이라는 게 아니라 파멸적인 암으로 인해 삶에 훨씬 더 생기가 넘치게 됐다는 것이었다. 올슨은 치명적인 질병에 걸렸음을 알게 된 뒤로 더 많은 용기를 낼 수 있었다고 밝혔다. 그는 이혼을 했으며 자신의 욕구에 따라 살기 시작했다. 불안감은 줄어들었으며 삶의 기쁨이 늘어났다. "저는 단 한 순간도 허비하고 싶지 않았어요. 암에 걸리지 않았더라면 좋았겠지만, 저는 그런 질병이 없는 대부분의 사람들에 비해서 무한히 더 생명력이 넘치는 기분이었습니다."

그러니까 고통을 통해서도 유의미함이 도출될 수 있는 셈이다. 올슨에게는 삶의 유한함이 의미를 가져다주었다. 그러나 암 또는 다른 무척 힘겨운 어려움을 겪고 있는 사람들에게 활력이 넘치는 태도를 유지하며 고통 속에서 의미를 느끼라고 부담을 더해서는 안 될 것이다. 올슨의 이야기는 그 자신만의 것으로, 다른 사람들은 달리 경험할 수 있다. 모든 것에서 의미를 찾으려 들어서는 안 될 것이다.

불타 버린 캔버스

행위예술가 마리나 아브라모비치Marina Abramovic는 회고록을 통해 열네 살 때 겪었던 일을 적은 바 있다.[69] 그는 베오그라드에 살았으며 부모는 파르티잔이었다. 그가 살았던 지역은 전후 공산주의 지역인 유고슬라비아에 속해 있었다. 그는 일종의 '붉은 부르주아'(구소련 사회주의 국가에서 관료주의 체제하의 특권 지배 계급을 경멸 투로 칭하는 용어 – 옮긴이)였다. 마리나는 그림을 그리고 싶어 했으며, 그의 부모는 예술가인 친구 필로 필리포비치Filo Filipovic를 소개해 주었다. 그는 물감, 캔버스 등 그림 그리는 데 필요한 재료를 들고 마리나의 집을 찾았다. 그는 캔버스를 조금 잘라 내고는 바닥에 내려놓았다. 풀칠을 하고는 모래를 뿌리고 노란색, 빨간색, 검은색 안료도 뿌렸다. 그러고는 방금 완성한 캔버스 위에 벤젠 0.5리터를 뿌리고는 성냥을 그어 불을 붙였다. 모든 게 폭발했다. "이건 일몰이지." 필리포비치는 그렇게 말하고는 가 버렸다.

이 모든 과정이 마리나에게는 강렬한 인상을 남겼다. 그는 타고 남은 예술 작품을 벽에 걸고는 가족과 함께 휴가를 떠났다. 집으로 돌아왔을 때, 8월의 햇살은 불타 버린 그림을 바싹 말려 버렸다. 모래와 안료가 바닥에 떨어져 있었다. 남은 것은 타 버린 캔버스뿐이었다. 일몰이 사라져 버렸다.

마리나 아브라모비치에게 이는 결과가 아닌 과정이 중

요한 것임을 보여 주었다. 자신과 필리포비치가 만든 작품은 남아 있지 않았으며, 안정적이지 않았다. 그건 과정일 따름이었다. 마찬가지로 인생을 벌어지고 있는 사건이라고 볼 수 있다. 삶은 우리의 행위일 뿐, 무언가를 보여 주어야만 하는 게 아니다. 살아 있다는 것만으로도 충분한 의미가 된다.

나의 장례식에서 사람들은 뭐라고 말할까?

수용전념 치료Acceptance and Commitment Therapy는 인지행동 치료의 변형으로, 회피하고 부정하는 것을 멈추고 불편한 감정과 생각을 직면하는 데 초점을 맞추고 있다. 또한 특정 상황에서는 이러한 행동으로 초래되는 반응을 근본적으로 수용하고자 한다. 수용을 통하여, 진실을 직면하는 행위를 통하여, 사람은 변화할 수 있다고 본다. 또한 가치를 둔 방향 설정을 통해 삶에 무엇이 가치 있는지를 파악하는 것에 대해서도 다룬다. 이 치료는 목표가 아닌 가치를 중시한다. 가치란 추구하며 살 만한 대상을 가리킨다. 일종의 나침반인 셈이다. 목표란 달성하거나 달성할 수 없는 대상이다. 가치를 둔 방향 설정이란 자신의 근본적인 가치를 토대로 결정을 내리는 것을 말한다. 최상의 경우 목표가 가치를 둔 방향 설정과 겹치게 되며 실제로 필요한 것으로부터 멀어지게 되지도 않는다. 목표 대신 가치에 대해 이야기하는 것의 장점은 목표를 지향할 때 얻을 수 있는 성과 기반의 자부심을 놓아 줄 수 있다는 것이다.

가치를 둔 방향 설정을 탐색하는 연습으로 자신의 장례식을 상상해 볼 수 있다. 내 장례식에 모인 친구들이 내게 무슨 얘길 해주길 바라는가? 보통은 이 지역에서 가장 멋진 자동차를 가졌던 친구라든가 직장에 가장 오래 근무했던 친구라는 얘길 듣고 싶지는 않을 것이다. 대체로 좋은 친구, 남들을 도운 사람으로 기억되길 바랄 것이다. 이 경우 가치 있는 방향이란 인간관계가 될 것이다. 만약 친구들을 만날 시간이 부족한 사람이라면, 우선순위를 재설정함으로써 더 가치 있는 방향으로 행동을 바꿀 수 있을 것이다. 초과 근무를 하거나 스마트폰을 하는 데 시간을 쓰는 대신 다른 사람을 만나는 데 시간을 할애하는 것이다. 이렇게 더 유의미한 삶을 만들어 갈 수 있다.

집단주의적 문화에서는 개인이 스스로를 내던져야 할 공통된 사상이 있는 반면, 개인주의적 문화에서는 의미를 형성할 책임이 온전히 개인에게 있다. 타인의 성공적이고 유의미한 삶을 엿보며 질투심을 느끼기는 쉽다. 소셜 미디어를 보면 고상한 필터를 씌운 과시욕이 전시되어 있지 않은가. 또한 사람마다 내적으로 느끼는 유의미함의 감정에 대한 욕구에도 차이가 있다. 시종일관 의미를 찾아 헤매지만 쉽게 찾지 못하는 사람이 있는가 하면, 삶의 의미를 딱히 생각하지는 않으나 그럼에도 모든 게 썩 좋다고 생각하는 사람도 있다. 중요한 점은 의미를 찾아 헤매는 행위가 스트레스를 유발해서는 안 된다는 점이다. 소시지를 먹으며 만족감을 느끼는 것만으로도 충분하다.

아까 하던 얘기로 돌아가서, 친구들이 내 장례식에서 뭐라고 말했으면 좋겠는가? 이 질문에 대한 답을, 일종의 허망함을 느끼지 않으면서도 제시할 수 있겠는가? 죽음을 맞이한 상황에서, 사람들이 나를 좋아해 주었으면 좋겠다. 적어도 나는 그렇다. 나는 운이 좋게도 내게 의미를 주는 여러 가지를 찾을 수 있었다. 의사로 일하는 나는 다른 사람을 도우며 쉽게 의미를 느낄 수 있다. 정신의학 부문에서의 의문을 해소하기 위해 애쓸 수 있는 것은 큰 기쁨이다. 내가 중요하다고 생각하는 일에 사명감을 느낄 수 있다는 것이 말이다. 다른 모든 사람이 사회 문제에 열을 올려야 한다는 것은 아니다. 내게 살 만한 가치가 있는 삶, 내 삶이란 내가 모든 것을 통제할 수 없음을 받아들이는 삶이다. 때로는 있는 그대로 받아들일 수 있어야 한다. 좋든 나쁘든 말이다. 삶의 흐름에 몸을 맡기는 것이다. 그리고 그래도 괜찮다. 행위예술가 아브라모비치의 불타 버린 캔버스가 그에게 알려주었듯, 과정 자체가 목표가 될 수 있다. 삶이 바로 의미다.

제10장

희망은 있다

✦

케빈은 그 덕분에 미약한 희망을 보여 줄 수 있었다고 생각한다.
이제 그는 자신이 희망을 나눠 준 모든 이들을
배신하지 않기 위해서라도 계속해 살아가야 한다.
케빈은 자살 관념을 '일생일대의 거짓말쟁이'라고 부른다.
자살 관념이 주입하는 말은 사실이 아니다.
자살 관념이 하는 말을 믿는 것은 문자 그대로 위험한 행위다.

결국, 달리 생각할 수 없는 것만 같았다. 케빈 하인즈Kevin Hines는 두 주째 잠도 제대로 자지 못했으며 양극성 장애의 심각한 에피소드를 한창 겪는 중이었다. 병증은 그가 열여섯 살이 되던 3년 전부터 명확하게 발현되기 시작했다.

그가 어려운 유년기를 보냈다고 말하는 것은 거의 클리셰에 가까웠다. 그는 양극성 장애를 가지고 있었으며, 심각한 알코올 의존증과 약물 의존증이 있는 부모는 그를 돌봐줄 수 없었다. 갓난아이 시절에 그는 소위 마약 밀거래가 이루어지는 모텔에서 살았다. 어느 날에는 갓난아이임에도 그를 팽개쳐 두고 부모가 마약을 구하러 방을 비운 사이 그와 형이 지르는 비명을 종업원이 들었다. 경찰이 와서 케빈과 형을 인계 받았다. 그들은 여러 위탁가정을 전전했으며, 제대로 돌봄을 받지 못했다. 둘은 폐렴에 걸렸으며 이로 인해 형은 사망했다. 케빈이 샌프란시스코의 하인즈 부부에게 입양되면서 운명이 바뀌는 듯했다. 케빈은 그곳에서 사랑을 받으며 성장할 수 있었다.

케빈 하인즈는 열일곱 살이던 어느 날 학교에서 발표를 하게 됐을 때, 교실의 모두가 그의 적이고 다들 자리를 박차고 일어나 그를 죽을 때까지 공격할 것이라는 느낌을 받았다. 이미 그전부터 증상은 있었으나 정신병원에 갇히게 될까 두려워 입을 꾹 다물고 있었다. 그 뒤로는 우울증이 반복적으로 뒤따랐다.

최근 몇 주 동안 그는 자신에게 죽으라고 말하는 목소리를 듣고 있었다. 밤이면 앉아서 유서를 썼으나 실제로 끝마치지는 못했다.

심각한 초조함과 자살 관념에 시달리며 밤새 깨어 있던 케빈은 아침 6시가 되자 아빠를 깨웠다. 그는 자신의 상태를 허심탄회하게 말하고 싶었지만 어떻게 말문을 열어야 좋을지 알 수 없었다. 아빠는 케빈에게 직장에 함께 가 보면 어떻겠느냐고 제안했다. 혹은 같이 할 만한 다른 걸 찾아봐도 좋겠다고 했다. 그러나 케빈은 학교에 가겠다고 고집을 부렸다.

그는 가장 좋아하는 선생님이 가르치는 영어 수업에 빠

지지 않았으며, 하교 후에는 월그린즈Walgreens(미국의 드럭스토어 체인-옮긴이)에 들러 군것질거리를 샀다. 그의 머릿속에서는 삶과 죽음이 격렬한 싸움을 벌이고 있었다. 그는 골든게이트 브리지로 향하는 버스를 탔다. 언제부턴가 그는 항상 누군가 정확한 질문을 던져 주길 바라고 있었다. 그러기만 한다면 모든 것을 있는 그대로 털어놓으리라. 버스가 종점, 골든게이트 브리지 주차장에 도착하자 승객이 모두 내렸다. 케빈이 마지막 승객이었다. 그는 버스 기사에게 다가갔다. 이제 말을 할 순간이다.

"이봐, 청년. 버스에서 내려요. 나도 집에 가야 해요." 기사의 말에 케빈은 눈물을 뚝뚝 흘리며 버스에서 내렸다. 그는 다리를 오가며 배회했다. 경찰, 자전거를 탄 사람, 행인이 지나갔다. 케빈이 뛰어내릴 곳을 정했을 때 커다란 선글라스를 낀 여자가 다가왔다. 이 사람이 구원자가 될 수 있을까?

"사진 좀 찍어 줄 수 있어요?" 그는 독일식 억양으로 물었다. 케빈은 사진 몇 장을 찍어 주었다. 그는 왜 케빈이 눈물을 흘리고 있는지조차 궁금해하지 않았다.

케빈이 뛰어내릴 준비를 하려고 뒷걸음질을 쳤을 때 이런 생각이 들었다. '봐. 아무도 너한테 신경 안 쓴다니까. 아무도! 뛰어내려!'

그는 다리 난간을 향해 달려 가속도를 얻은 후 난간에 손을 짚고 몸을 날렸다. 멈춰 서기에는 너무 늦었다. 케빈은 추락했다. 샌프란시스코의 심부를 향해 67미터 아래에 있는 차디찬 물로. 다리에서 떨어져 수면에 닿기까지 약 4초가 걸리며, 표면에 부딪힐 때의 속도는 시속 100킬로미터를 넘는다. 1937년에 개장한 골든게이트 브리지에서 뛰어내린 2,000명 중에서 살아남은 사람은 손에 꼽는다. 수면에 들이받는 동시에 기절해서 익사하기 때문이다.

케빈은 시커먼 물을 향해 몸을 내던짐과 동시에 '대체 내가 무슨 짓을 한 거야? 죽기 싫어! 하느님, 맙소사. 절 구해 주세요!'라고 생각했다. 케빈은 수면 위로 떨어졌다. 운 좋게도 앉을 때와 같은 자세로 말이다.

척추뼈 세 개가 골절되고 한쪽 발목이 꺾였으며 장기도 일부 손상됐다. 그러나 기적적으로 케빈은 물 아래로 가라앉을 때 의식이 남아 있었다. 물에 잠기며 속도가 잦아들자 케빈은 위아래를 분간하기 어려웠으나, 겁에 질린 와중에도 운 좋게 수면 위로 떠올랐다. 익사하지 않기 위한 그리고 흐름에 휩쓸려 바다로 밀려가지 않기 위한 싸움이었다.

해안경비대가 도착했을 때 경비대원들은 케빈이 살아 있다는 사실에 놀랐다. 평소처럼 시신을 건지게 될 것이라고 예상했던 것이다. 케빈은 병원으로 옮겨졌으며 그의 부모는 처음에 케빈이 생존할 확률이 50퍼센트에 불과하다는 통보를 받았다. 열 시간에 걸친 수술 끝에 척추가 안정을 찾았으며 파손된 장기도 모두 기웠다. 이제 케빈은 살고 싶었다. 어떤 대가를 치러서라도 말이다. 병원에서 몇 개월을 보내긴 했으나 케빈은 살아남았다.

다리 위로 오르는 사람들

"이 영화는 윤리적 거부감이 들기로는 전무후무한 영화다." 일간지 〈더 가디언〉The Guardian은 다큐멘터리 영화 〈더 브리지〉The Bridge를 이렇게 평했다. 다큐멘터리 감독은 2004년 한 해 내내 골든게이트 브리지를 온종일 촬영했다. 감독은 골든게이트 브리지 관리감독 업체에 허가를 구하면서 진짜 목표를 밝히지 않았다. 진짜 목표는 다리에서 뛰어내리는 사람을 촬영하는 것이었다.

2004년에 다리 아래로 떨어져 익사한 사람은 24명이었다. 영상 속에서는 대체로 안개에 휩싸인 다리 장면과 다리를 오가는 행인들이 등장한다. 영화의 전제가 자명했기 때문에 시청자는 화면에 나온 행인을 뛰어내릴 가능성이 있는 사람이라고 생각하게 된다. 사고가 벌어질 징조는 카메라가 완만하게 다리를 훑으며 나타난다.

한 젊은 여성이 난간 근처에 서 있다. 갑자기 난간을 넘어간다. 여자는 이제 난간 바깥쪽에 서 있다. 한 남성이 얼마 떨어지지 않은 곳에 서서 사진을 찍고 있다. 처음에 마치 남자는 무슨 일이 벌어지려는지 파악하지 못하는 듯 보인다. 여자가 난간 바깥쪽에 서 있다는 게 이상할 게 없다는 듯이 그의 사진을 찍고 있다. 하지만 이윽고 남자는 무슨 일이 벌어지고 있는지를 깨닫고는 여자와 얘기를 나누기 시작한다. 남자는 여자의 재킷을 움켜쥐고 난간 안쪽으로 들어 올리는 데 성공한다. 또 다른 영상 속에서는 가볍게 조깅을 하던 중년 남성이 멈춰서서는 전화 통화를 하며 웃는다. 모든 게 차분해 보인다. 남자는 갑자기 난간을 넘어가더니 죽음을 향해 몸을 날린다. 추락조차도 차분해 보인다. 바람 소리, 자동차 소리 그리고 미약하게 풍덩 하는 소리 외에는 거의 아무런 소리도 들리지 않는다.

영화는 이러한 장면과 유족의 인터뷰를 편집하여 보여준다. 인터뷰를 한 유족들은 자기네 가족이 죽음을 향해 뛰어내리는 모습을 감독이 찍었다는 사실을 알지 못했다. 영화 녹화를 비공개로 진행한 이유는 영상에 찍힘으로써 죽음의 순간을 영원히 남기기 위해 자살하는 것을 조장하지 않기 위함이었다. 앞서 다리에서 뛰어내려 사망한 사람의 수가 500이나 1,000처럼 딱 떨어지는 숫자에 가까워졌을 때 매체에서 이 '주기'를 집중적으로 보도하면서 더 많은 사람이 자살을 시도하도록 부추긴 셈이 된 바 있기 때문이다. 500이라고 적힌 셔츠를 입은 한 사람이 다리 위에 서기는 했지만 뛰어내리지는 않았다.

영상 속에는 가죽 재킷을 입고 검은 머리를 길게 늘어뜨린 젊은 남성이 다리를 배회하는 모습이 나온다. 그는 89분 동안 다리를 서성이고는 이윽고 난간을 넘어가 몸을 날린다. 마치 풀장에서 친구들이 지켜보는 가운데 편안하게 다이빙을 하는 듯하다. 관찰자로서 자살 전에 보이는 초조한 행동을 식별할 수 없으며, 비명조차 지르지 않는다. 관찰자는 망원렌즈를 통해 계속해 먼 거리에서 관음증적으로 보는 위치에 놓여 있게 된다.

대개 자살은 무척 사적인 사건이라고들 한다. 그러나 바로 이 다리에서는 공개적으로 자살이 이루어진다. 다른 사람에게 보이도록 말이다. 마지막 순간이 목격되게 하는 것이다.

보기와 보지 않기 모두 매우 어려운 결정이다. 마치 금기시된, 긴밀한 무언가처럼 느껴진다. 다큐멘터리가 보여 주듯 자살은 금기이자 숨기고 싶은 행위이면서, 동시에 자살을 상세하게 묘사하게 될 경우 더 많은 사람이 자살을 저지르게 될 것이라는 우려도 있다.

난 지금 도움이 필요해요

케빈이 골든게이트 브리지에서 뛰어내린 지 1년이 지났을 무렵, 그를 가르쳤던 교사 중 하나가 케빈에게 당시 무슨 일을 겪고 있었는지 공개적으로 말할 수 있겠느냐고 물었다. 케빈은 한참을 망설이고 나서 입을 열었다. 그는 떨리는 목소리로 120명의 7학년과 8학년 학생을 앞에 두고 자신의 이야기를 시작했다. 학생들은 쥐 죽은 듯 조용하게 앉아 기적적으로 살아남은 케빈의 이야기에 귀를 기울였다. 케빈은 다른 사람들 앞에 서서 말하는 것이 너무나도 두려웠으나 자신의 고통이 아이들에게 전해지고 있음을 알 수 있었다. 이후 그는 120통의 편지를 받았다. 그날 참석한 학생들 모두에게서 각 한 통씩 편지를 받은 셈이다. 그중 일곱 명은 자신이 겪은 자살 관념을 밝혔으며, 학교에서 적절히 개입할 수 있었다. 케빈은 목적을 발견했다. 생존자로서 다른 사람이 계속해 살아갈 수 있도록 도울 수 있다고 말이다.

케빈의 몸이 어느 정도 회복했을 때도 그의 정신 건강은 그다지 좋지 못했다. 케빈은 조증과 그에 따르는 울증을 겪고 있었을 뿐만 아니라 편집증에도 시달리고 있었다. 자살 시도 이후 첫 해 동안 그는 정신과 병동에 여러 차례 장기 입원했다. 케빈은 싸움을 이어 나갔으며 정신병이 사라지지 않을 것임을 받아들이고 기본적인 습관을 들이기 위해 애썼다. 충분한 수면을 취하고, 먹고, 움직이기 말이다.

케빈은 자살 관념에 대처하는 법을 익혔다. 중요한 것은 네 단어를 말하는 것이다. "나는 지금 도움이 필요해요." 스스로 완전히 무가치하다고 느껴지더라도, 앞날이 전혀 없는 듯 보이더라도, 모든 희망이 사라진 듯하더라도 도움을 청하는 게 중요했다.

케빈은 그렇게 느끼지 않을 때도 이 단어들을 말하는 연습을 했다. 한번은 애틀랜타 공항에서 직원에게 다가가 자신이 자살 충동을 느끼며 도움이 필요하다고 말한 적이 있었다.

"사람들은 그렇게 말하면 당황해요. 하지만 거의 대부분 도와주려고 합니다." 케빈은 나와 인터뷰를 할 때 그렇게 말했다. 애틀랜타에서도 케빈은 필요한 도움을 받을 수 있었다. 때로는 자살 충동이 사라질 때까지 그의 곁에 있어 주는 것만으로도 충분할 때가 있다.

케빈은 자신의 기분과 싸우면서 동시에 골든게이트 브리지에서 뛰어내렸다가 생존한 자신의 이야기를 전파했다. 그는 여러 차례 강연을 했으며, 자신의 경험을 글로 남기고 다큐멘터리도 촬영했다. 다리에서 뛰어내린 지 20년이 지난 현재, 케빈은 총 200만 명 이상의 청중 앞에서 강연했다.

케빈과 그의 아버지는 다큐멘터리 〈더 브리지〉에도 참여했다. 케빈은 골든게이트 브리지에서 뛰어내려 자살하는 것을 막지 않는 것의 비합리함을 보여 주는 데 이 다큐멘터리가 중요하다고 보았다. 케빈과 그의 아버지는 보호 장치를 설치하기 위해 적극적으로 나섰다. 골든게이트 브리지가 세계적으로 유명한 자살 명소임에도, 다리를 관리하는 업체와 다른 사람들은 보호 장치를 마련하는 데 거세게 반대했다.

케빈은 "사람들은 누군가가 뛰어내리고 싶어 하면, 그래, 뭐 그러라지 하고 생각하는 것 같아요."라고 말했다.

사람들은 장애물을 설치한다고 해서 자살하려는 사람이 다른 다리를 찾아가지는 않는다는 것을 이해하지도 못하는 듯했다. 여러 해 동안 캠페인을 벌인 끝에 현재는 뛰어내린 사람이 걸리도록 안전 그물망을 설치한 상태다. 케빈은 그 덕분에 벌써 두 명이나 목숨을 건졌다는 소식을 들었다.

여러 차례 텔레비전에 출연하고 몇몇 영상이 입소문을 탄 덕분에 케빈은 오늘날 유명 인사가 되었다. 몇몇 건설 현장 근로자들은 그를 보고 "당신이 바로 그 다리에서 뛰어내린 사람이군요!"라고 외치기도 했다. 케빈은 자살 시도와 그렇게까지 결부된 것에 대해 마음이 불편할까? 아니, 오히려 그 반대다. 케빈은 그 덕분에 미약한 희망을 보여 줄 수 있었다고 생각한다. 이제 그는 자신이 희망을 나눠 준 모든 이들을 배신하지 않기 위해서라도 계속해 살아가야 한다. 케빈은 자살 관념을 '일생일대의 거짓말쟁이'the greatest liar라고 부른다.

자살 관념이 주입하는 말은 사실이 아니다. 자살 관념이 하는 말을 믿는 것은 문자 그대로 위험한 행위다.[71]

자살을 예측할 수 있을까?

학계에서는 자살을 더 정확하게 예견할 수 있을지 아니면 진단의 정확성이 항상 썩 좋지 못한 수준에 머무르며 자살을 예측할 수 있다는 생각을 포기해야 하는지를 놓고 의견이 분분하다. 일각에서는 어떤 사람이 스스로 목숨을 끊을 것인지를 예측할 수 없는 상황에서도 자살 예방이 이루어질 수 있다고 주장한다. 내년에 교통사고로 누가 사망하게 될지 딱히 정확하게 예측하지는 못하나 여전히 교통사고로 인한 사망 건수를 성공적으로 줄여 나가고 있는 것과 마찬가지로 말이다.

요점은 미래의 치명률을 낮추는 데 있어 누가 사망할지 정확하게 예측하는 게 전제 조건이 아니라는 것이다.[72] 동시에 우리는 보건의료 종사자로서 혹은 누군가의 친인척으로서 항상 평가를 내려야 한다. 우리의 평가 모델이 정확하지 않다고 해서 손을 놓고 있어야 한다고 말할 수는 없는 법이다.

세나 파젤Seena Fazel은 옥스퍼드대학교 교수다. 그는 자살로 사망할 위험이 높은 사람을 식별하는 방법의 정확성을 개선할 수 있다고 낙관하는 사람 중 하나다. 파젤은 이미 이러한 예측이 상당히 잘 이루어지고 있다고 주장한다. 그는 자살 위험이 높은 사람을 식별하기 위한 위험 모델을 바탕으로 여러 알고리즘을 개발했다.[73] 이러한 알고리즘은 병동에서 내담자의 연령, 성별, 자해 여부, 병원 입원 여부, 알코올 문제 유무 등을 입력하기만 하면 된다.

파젤의 연구는 환자가 직접 보고하는 내용보다는 통계적인 요인들로 구성되어 있다. 이러한 위험 평가 알고리즘은 앞으로 1년 내에 자살로 사망할 위험을 백분율 수치로 보여준다. 위험이 높다고 파악된 경우 변경할 수 있는 위험 요인, 이를테면 알코올이나 약물 섭취에 관련된 조치를 할 수 있다. 내담자를 마주하는 상담사의 입장에서 1년은 긴 시간이다. 파젤 역시 누군가에게 무슨 일이 벌어질지 완전히 확실하게 장담할 수는 없다는 데 동의한다. 불과 며칠 동안이라도 말이다. 보건의료 업계의 자살 평가 모델이 낮은 정확성을 보인다는 주장에 대해 파젤이 자주 내세우는 주장은 임상 의사의 감 혹은 정성적 평가 역시 더 나은 정확도를 제공하지는 않는다는 것이다.[74] 파젤과 이 분야의 여러 전문가는 더 많은 양질의 데이터를 머신러닝이나 딥러닝과 같은 새로운 방법으로 분석할 수 있다면 장기적으로 평가의 정확도가 개선될 것으로 기대하고 있다.

미국 재향군인 보건국, 다시 말해 미국의 제대 군인을 위한 보건의료 체계에서는 인공지능을 활용해 주목할 만한 프로젝트를 진행하고 있다.[75] 재향군인 보건국은 머신러닝을 활용해 자살 위험이 훨씬 높은 것으로 보이는 개인을 식별하고 있다. 이들은 위험이 상위 0.1퍼센트에 속하는 사람들이다. 여기에 속하는 개인은 다른 환자보다 자살할 위험이 30배 높다. 시스템에서 가장 높은 위험군인 0.1퍼센트에 속하는 사람을 식별하며, 조치가 이루어진다. 위기 계획이 수립되고 긴밀한 후속 조치가 뒤따른다. 프로젝트 평가 내용에 따르면 병원 입원이 줄었고 자살 시도는 감소했으나, 자살로 사망한 사람의 수가 감소하지는 않았다.

나는 파젤을 비롯해 다른 연구자들과 함께 연구 프로젝트에 착수했다. 우리는 스웨덴에만 있는 독자적인 풍부한 데이터를 활용하고자 한다. 스웨덴에서는 태어났을 때 주민등록(출생 등록부)부터 사망까지의 등록(사망 원인 등록부)이 빠짐없이 이루어진다. 이를 통해 우리는 출생 시 무게와 학교 성적부터 진단과 의약품에 이르기까지 수천 개의 모든 변수를 모아 두고 있다. 이 모든 데이터는 통계청과 국가보건복지위원회에서 관리하며 스웨덴 공공 의료를 구축하는 데 유용하게 활용된다. 우리는 '생명 구조'Saving Lives라는 프로젝트를 통해 이 모든 데이터를 취합하고 안타깝게도 자살로 사망한 사람의 유전자도 조사하고 있다. 죽은 사람을 연구하는 것은 특히 중요한 부분이다. 왜냐하면 우리가 자살에 대해 알고 있는 많은 것들은 죽은 사람을 연구해서 얻었기보다는 자살 시도에서 생존한 사람들 혹은 자살을 시도한 적이 전혀 없는 사람을 연구함으로써 얻어진 것이기 때문이다. 정확성이 떨어질 수밖에 없다.

우리는 예전부터 대물림되는 요소가 있음을 알고 있었으며, 어떤 유전자 변이가 자살 위험을 높이는지 더 잘 파악하기 위한 대규모 연구 프로젝트도 진행하고 있다. 최근에는 자살 시도를 한 사람과 하지 않은 사람의 게놈에서 상이한 열두 부분이 있음이 발견되었다는 연구도 발표된 바 있다.[76] 모든 것을 해명해 줄 수 있는 '자살 유전자'를 발견할 수는 없겠으나 수천 명의 개인에게서 얻은 여러 유형의 데이터를 조합함으로써 때 이른 죽음을 맞이할 위험이 큰 사람을 식별하는 더 나은 모델을 설계할 수 있기를, 나아가 우리 연구 프로젝트의 이름처럼 '생명을 구할' 수 있게 되기를 바란다.

시간 경과에 따라 자살 관념이 얼마나 변동하는지를 살펴보는 연구도 있다. 자살을 시도한 사람 중에는 자살을 시도하기 전 며칠 혹은 몇 시간 동안 자살 관념이 급격하게 증가한다고 보고된 바 있다.[77, 78] 한 연구에서는 자살 충동 때문에 병원에서 치료를 받는 환자를 대상으로 하루에 여섯 번, 세 가지 질문에 답변을 받았다. 환자는 0(전혀 아님)부터 9(매우 그러함)까지의 척도로 "지금 목숨을 끊고자 하는 바람의 강도가 얼마나 강렬합니까?", "지금 당장 목숨을 끊고자 하는 의지가 얼마나 강합니까?", "지금 목숨을 끊고자 하는 데 맞설 역량이 얼마나 강합니까?"라는 질문에 답했다.[79] 질문이 단 세 개뿐이라 많은 데이터가 수집되지는 않았으나, 잦은 빈도로 질문을 던졌다. 이 연구에서 답변의 척도가 크게 변동한 환자일수록 퇴원 후 한 달 이내에 자살을 시도하는 경우가 더 많았다.

스마트폰, 웨어러블, 스마트워치, 스마트링처럼 매초 여러 차례에 걸쳐 정보를 수집하는 오늘날의 기술을 활용하면 동일한 간격을 두고 환자에게 이런저런 질문을 던지는 것보다 훨씬 고품질의 데이터를 확보할 수 있을 것이다. 우리의 스마트폰에는 우리가 무얼 하는지, 무얼 읽는지, 무얼 검색하는지, 다른 사람에게 뭐라고 적었는지 등 수많은 정보가 담겨 있을 뿐만 아니라 우리가 어떻게 움직이는지, 얼마나 빠르게 휴대전화의 버튼을 누르는지에 대한 정보도 담겨 있다. 미국 국방부는 최근 유족에게서 자살한 사람이 사용했던 휴대전화와 아이패드를 전달받는 연구 프로젝트를 허가한 바 있다.[80] 목표는 스스로 목숨을 끊은 사람이 어떤 흔적을 남겼는지를 살펴봄으로써 사전에 경고로 활용할 수 있을 정도로 통상적인 패턴이 있는지를 찾아내는 것이다. 구글, 페이스북 등 여러 빅테크 기업은 이미 이러한 위험을 시사하는 커뮤니케이션을 식별하기 위하여 많은 리소스를 투입하고 있다. 미국과 다른 나라의 군에서 자살 예방에 관심을 보이는 이유는 자살이 복무 중인 군인은 물론 제대 군인에게서 흔히 관찰되고 있기 때문이다.

또한 자살 충동에 더 효과적인 다양한 치료법을 발견하기 위한 수많은 연구도 이루어지고 있다. 나는 앞서 ASSIP과 심리적인 요법에도 참여한 바 있다. 약물 측면에서는 기존의 약물이 새로운 영역에서 활용될 수 있다는 희망도 있다. 약학의 역사를 돌아보면 한 가지 질병에 효과가 있다고 여겨졌던 약물이 전혀 다른 측면에서도 효과를 보이는 경우를 여럿 찾아볼 수 있다.

비아그라로 더 잘 알려져 있는 실데나필Sildenafil은 고혈압과 협심증 치료를 위해 개발된 바 있으나 클리닉에서 임상 실험 참가자를 대상으로 이 물질을 처음 시험했을 때 간호사는 참가자들이 엎드려 있는 것을 발견했다. 이들은 발기했다는 사실을 감추고 싶었던 것이다. 이후 이 물질은 심장보다는 성기의 혈관을 확장하는 데 더 효과적인 것으로 확인되었으며, 덕분에 불티나게 팔린 비아그라가 탄생하게 됐다. 또 다른 예로는 케타민ketamine이 있다. 케타민은 개발되고 50년 동안 마취제로 사용되었으나 이후 중증 우울증 치료제라는 새로운 부문에서 활용되기 시작했다.

무언가가 예기치 않게 새로운 대안으로 떠오를 수 있는 셈이다. 식품 보조제인 엽산을 연구한 한 미국 연구에 따르면 엽산을 섭취한 사람은 자살 시도를 덜 한 것으로 확인됐다. 이러한 뜻밖의 발견은 다른 연구를 통해서 뒷받침되어야 한다. 그러나 희망은 있다.

제11장

세상의 끝에서 삶의 소리를 듣다

✦

홉킨스는 호흡기를 비롯해 자신의 삶을 지탱해 주는
장치들을 해제하자고 부탁했다.
그는 자신에게 주어진 모든 처치를 거부할
법적 권리가 있음을 알고 있었다.
의사 한 명과 간호사 한 명, 호흡 치료사 두 명이
가능한 한 차분하게 이 과정이 이루어질 수 있도록 도왔다.
그는 가족들에게 둘러싸인 채,
침대 곁에는 페기가 함께 몸을 누인 상태로,
고요히 죽어 갔다.

20년 전의 일이다. 정신과 병동에서 맞는 별다를 것 없는 날이었다. 업무는 정신과 부서에 찾아오는 환자들을 살피고, 신규 환자와 병원의 다른 부서, 이를테면 신경외과나 내과 등에 입원한 환자의 긴급도를 평가하는 것이었다. 근무 시간은 오후 4시부터 이튿날 아침까지이며, 운이 좋다면 잠깐 눈을 붙일 수도 있었다. 목소리가 큰 몇몇 동료가 병동에 요청한 덕분에 고급 침대를 구비해 두었기 때문에, 기회만 있다면 숙면을 취할 수 있었다.

내가 만난 환자 중 한 여자 환자는 수면제 중독으로 병원에서 치료를 받고 있었다. 그는 지금까지 흐트러짐이 없는 삶을 살았으나, 남편이 다른 사람을 만나기 시작한 상황이었다.

나와 이야기를 나누었을 때 그는 이번에 수면제를 위험한 수준으로 복용했다는 점을 제외하고는 어떠한 정신과적 증상도 보이지 않았다. 그는 그 정도 복용한다고 죽지는 않을 것이라 생각했다며, 다만 이 세상에서 사라지고 싶었다고 말했다. 뭔가 더 큰 계획이 있어서가 아니라 그저 충동적으로 벌어진 사건이었다. 그는 정신과 병동에 입원하고 싶어 하지 않았으며, 나는 이튿날 아침에 그가 사는 곳 근처의 병원 부속 진료소에서 후속 면담을 갖기로 일정을 잡았다.

아침이 되자 나는 진료소에 전화를 걸어 그와의 후속 면담 일정을 확인했는지 문의했다. 진료소에서는 확인은 했는데, 그가 죽었다고 설명했다. 그는 병원에서 친인척과 함께 귀가한 바로 그날 자살한 것이었다. 바닥이 꺼지는 느낌이었다. 전에 내가 본 환자 중에는 자살했던 사람이 없었기 때문이다. 나는 그의 가족을 생각했다. 대체 내가 무슨 짓을 한 거지? 어떻게 이렇게 될 것을 예측하지 못했을까? 내가 무언가를 놓쳤음이 분명했다. 환자가 죽었을 때 내가 느끼는 고통은 당연히 가까운 사람들이 느낄 고통에 비할 바가 되지 않는다.

처음의 충격이 가시고 나면 보건의료 인력은 이렇게 자문한다. '내가 잘못한 걸까?' 내가 그를 귀가하도록 조치한 평가가 정확했다고 생각하기는 어렵다. '무슨 일이 벌어질지 알 수 없었다.'는 주장은 당시로서는 옳은 생각이 아니라고 느껴졌다. 그게 맞는 말이라고 하더라도 말이다. 나는 내가 꼼꼼하게 쓴 일지를 살펴보았다. 나를 조사할 때 이 일지가 바탕이 될 것이다. 다른 힘겨운 사건과 마찬가지로 자살은 동료들을 갑작스럽게 약간은 투명하게 만든다. 동료들은 더는 안부를 묻지 않는다. 뭐라고 말해야 좋을지 모르겠는 것이다. 내가 처음으로 처하게 된 바로 그 상황에서 나를 안심시키고자 한 동료는 손에 꼽을 정도였다. 나조차 스스로 끔찍하게 여겨지는 상황에서 도움을 청하기도 쉽지 않은 일이다. 하지만 나는 유가족과 두 번의 면담 자리에 간호사 마스가 함께해 주었던 것을 기억한다. 그는 말수가 많지 않았으며 의자에 반쯤 걸터앉아 있었으나, 이따금 흥얼거리면서 방 안의 초조한 분위기를 누그러뜨려 주었다.

한 동료가 내게 보 루네손Bo Runeson에게 전화해 보라고 조언해 주었다. 나는 루네손을 한 번도 만난 적이 없으나 얘기는 많이 들었다. 루네손은 스톡홀름의 다른 병원에서 근무하는 정신과 의사이자 연구자로서 누군가가 자살하면 관련 직원 및 친인척과 대화를 나누곤 했다. 루네손은 전화를 받았으며 완전히 침착한 듯했다. 그는 귀를 기울이며 호기심에 찬 질문을 던졌고, 나를 평가하는 데는 전혀 관심이 없는 듯했다.

현재 루네손은 72세다. 명예교수이자 '반쯤은 은퇴한' 상태다. 내가 그에게 전화를 건 날로부터 20년이 지났다. 그는 나와 통화를 했다는 사실조차 기억하지 못한다. 그런데 남들은 기왕이면 피하고자 하는 이런 힘겨운 대화를, 그는 어째서 두려움 없이 나누고자 하는 걸까?

"그건 아마 제가 이 주제에 대해 연구하기 시작한 계기 때문일지도 모릅니다." 내가 루네손을 만났을 때 그는 이렇게 말했다. 루네손이 정신과를 전공으로 삼았을 때, 그는 이윽고 '정신과적 부검'이라고 부르는 프로젝트로 박사학위 과정을 밟게 됐다. 정신과적 부검이란 사망 사건이 벌어졌을 때 그 배경에 무엇이 있는지를 살피기 위해 사후에 사건을 재구성하는 것을 말한다.

루네손은 연구 프로젝트를 진행하면서 자살로 사망한 청년 58명의 친인척을 방문했다. 엄마, 아빠, 여자친구, 손위누이, 무엇이라도 알고 있는 사람이라면 모두 만났다.[81] 마약 지구에 있는 집을 찾아가기도 하고, 예술가의 집, 부유한 사람의 집도 찾아갔다. 자살의 이유를 찾는 것이 목적이었으나, 그 과정에서 그는 친인척이 자살에 어떤 영향을 받았는지에 더 관심을 갖게 되었다. 그는 이러한 대화를 나눌 수 있다는 점에 감사했다. 때로는 부정적인 반응을 보이는 사람도 있었다. 자살로 사망한 친인척이 살아 있었더라면 자신이 구하러 갔을 텐데, 너무 늦었다는 것이다. 그러나 대체로 친인척들도 이러한 대화가 가치 있다고 생각하는 듯했다.

인터뷰 결과에 따르면 자살은 대체로 다양한 수준의 우울증이 원인으로, 몇몇 경우에는 단 몇 주 만에 자살이 벌어지기도 하는 등 위급하게 발생하는 사건인 것으로 확인됐다. 일부는 알코올과 약물 오남용으로 사망했으며, 연인 관계가 끝나면서 발생한 위기 반응으로 인해 자살한 경우도 있었다. 배경에는 대체로 가족 중 우울증을 앓는 사람이 있었다. 대부분은 앞서 자살 시도를 한 전적이 있었다.

루네손은 "자살은 맑은 하늘에 날벼락처럼 벌어지지 않습니다. 오히려 구름 낀 하늘에 벼락이 치는 것과 비슷하죠."라고 말한다.

내가 그를 죽인 걸까?

루네손은 정신과에 오기 전, 젊은 시절부터 양로 시설에서 근무했다. 그곳에서 두 남성이 여섯 달 간격을 두고 각각 스스로 목숨을 끊었다. 루네손은 자살이 벌어질 수 있다는 사실에 겁을 먹었으며, 이를 사전에 파악하고 예견하지 못했다는 사실에 충격을 받았다. 당시 루네손에게는 전화를 걸 수 있는 루네손과 같은 사람이 없었다. 그가 박사학위 과정을 밟는 도중 그의 친척과 외삼촌이 자살하기도 했다. 그러니까, 그도 자살 유족의 범주에 드는 셈이다.

그의 지도 교수 중 한 사람인 얀 베스코브Jan Beskow는 자살이 발생했을 때 병동 직원들과 함께 소위 회고적 브리핑을 했다. 벌어진 일을 더 잘 이해하고 개선의 여지가 있는 부분은 없는지 살펴볼 뿐만 아니라 직원에게는 약간의 치료 효과도 있었다. 직원은 누군가의 죽음에 책임을 지고 기소될 것을 두려워하기 때문에 이러한 대화를 하기가 쉽지는 않다고 루네손은 말한다. 루네손은 자신의 지도 교수와 함께 이러한 브리핑에 참석하면서 직접 브리핑을 주관하기 시작했고, 이후 수십 년 동안 브리핑을 이어 오고 있다. 브리핑은 안전함과 따스함을 전해 주는 동시에 가장 파멸적인 종지부가 찍힌 사건, 즉 환자가 사망한 사건을 살펴보는 과정이다.

그렇다면 지금까지 수많은 대화를 나눈 루네손이 보기에, 자신의 환자가 자살한 의사 또는 다른 직원에게 해줄 수 있는 조언은 무엇이 있을까?

"병동에서 당신이 안전하다고 느낄 수 있는 사람을 찾아가서 대화를 요청하세요. 미래에 자살 충동을 느끼는 사람을 피하지 마세요. 당신은 이제 모든 사람이 갖고 있는 게 아닌 경험을 가지고 있습니다. 보건의료 업계에 이런 사람이 있는 것은 중요합니다."

루네손은 어쩌면 자살로 환자를 잃는 경험이 우리에게 살 만한 가치가 있는 삶이란 무엇인지, 무엇이 더 이상 살고 싶지 않을 정도로 삶을 고통스럽게 만드는지에 대해 알려줄 지도 모른다고 말한다. 가장 끔찍한 사건을 통해 무언가를 배울 수 있다는 것이다.

나는 루네손에게 무엇이 당신의 삶을 살 만한 가치가 있는 것으로 만들어 주느냐고 물었다. 루네손은 "글쎄요, 저는 우리가 한 80년쯤은 관계를 맺으며 살아갈 수 있다고 생각합니다. 제게 인간관계는 의미를 형성하는 데 가장 중요합니다. 다른 사람에게 선하게 대하면 아주 많은 것을 돌려받을 수 있죠. 엄청나게 많은 따스함을 경험할 수 있고요. 저는 당신이 가진 80년을 넉넉하게 쓰고, 모든 것을 누리라고 말하곤 합니다."라고 답했다.

그렇다면 이 업계에 한평생 몸을 담은 그는 자살 예방에 대해서는 어떻게 생각할까?

"저는 정신과 치료에 대한 접근성을 더 높여야 한다고 생각해요. 예를 들면 우울증이 있는 사람 중 일부만이 아니라 모든 사람이 치료를 받을 수 있어야 한다고 생각합니다. 똑같은 사람을 여러 차례 만나게 되면 자살을 더 쉽게 예방할 수 있지는 않을까요? 환자들이 면담을 올 때마다 새로운 직원을 만나는 일이 너무 흔하거든요."

사랑 이야기

브룩 홉킨스Brooke Hopkins는 솔트레이크시티 외곽에서 자전거를 타고 있었다. 그 순간 눈 깜짝할 새에 모든 게 전혀 다른 것으로 바뀌었다. 맞은편에서 자전거를 타고 오던 사람과 부딪힌 것이다. 그는 자전거에서 튕겨 나가 목이 골절됐다. 다행히도 근처를 지나던 간호사가 심폐소생술로 그의 폐에 산소를 공급해 준 덕분에 생존할 수 있었다. 그렇지만 척추 상단에 입은 상처로 인해 홉킨스는 더는 스스로 숨을 쉴 수 없게 되었다. 구급차에 실려 가며 응급구조대가 계속해 그의 폐에 숨을 불어넣는 동안 홉킨스는 의식 없이 누워 있었다. 그 탓에 1년 전에 생전 유언장을 변경하여 영구적인 장애를 얻거나 식물인간이 될 상태에 놓일 수 있는 심각한 질환 또는 상해를 입은 경우 "부자연스러운 방식으로 죽음을 지연시키고 부자연스러운 방식으로 사망 과정을 연기하거나 지연시킬 뿐인" 처치를 하지 말도록 명시했음을 설명할 기회가 없었다. 병원에서는 그런 유언장의 내용을 알 턱이 없었다.

그의 아내 마거릿 팹스트 배틴Margaret Pabst Battin, 애칭 페기Peggy는 병원에 도착했을 때 홉킨스가 어깨 아래로는 마비가 될 것이며, 호흡을 위해 호흡기를 달아야 할 것이라는 설명을 들었다. 페기는 의료 윤리 분야에서 세계에서 손에 꼽힐 정도로 활동적인 철학자다. 그는 40년 넘게 자살과 조력사의 윤리에 관한 책을 저술했으며, 그간 전 세계에서 불법처럼 여겨지던 조력사가 네덜란드, 벨기에, 스페인, 스위스, 캐나다 그리고 그가 거주하고 있는 미국 일부 지역에서 도입되는 것을 지켜보았다.[82] 평생에 걸쳐 가치 있는 삶과 가치 있는 죽음이 무엇인지에 대한 질문을 다루었던 페기는, 지금 이 순간 바로 그 윤리적인 문제를 자신의 삶에서 직면하게 되었다.

홉킨스는 이제 온종일 돌봄을 필요로 했으며, 몸을 옴짝달싹할 수 없었고, 여러 감염에 시달리고 있었다. 사이클 헬멧을 쓰고 있던 덕분에 머리에는 어떠한 상처도 없었으며, 정신은 아주 맑고 명료했다. 2년간의 입원 생활 끝에 홉킨스는 귀가할 수 있었다. 그러나 페기는 고용된 보조 12명의 업무를 짜야 했고, 비용도 직접 지불해야만 했다.

홉킨스의 삶의 질은 적어도 몇몇 기준에 따르자면 상당히 낮았다. 홉킨스는 호스를 통해 숨을 쉬어야 했으며, 음식도 호스를 통해 섭취해야 했다. 그는 다른 사람에게 전적으로 의존해야 했다. 그럼에도 그는 살아 있음에 기뻐했으며, 기쁨으로 가득 찬 순간도 여전히 많이 있었다. 친구들이 음식을 싸 들고 찾아왔다. 홉킨스는 여전히 음식이 얼마나 맛있게 생겼는지 볼 수 있었으며 냄새를 맡고 맛을 볼 수 있었다. 다만 소믈리에가 와인을 맛보듯, 음식을 몰래 냅킨에 뱉어내고 호스를 통해 영양분을 섭취해야 했지만 말이다. 무엇보다 중요한 것은 그가 가장 애착을 가지던 활동을 집 거실에서 휠체어에 앉은 채로도 계속할 수 있다는 점이었다. 바로 대학에서 문학을 가르치는 일이었다. 하지만 모든 게 쉽게만 흘러가지는 않았다. 페기는 이렇게 적었다. "브룩의 상황에서 '자율성'이란 어떻게 비칠까?"

홉킨스가 원하는 것, 적어도 원한다고 말하는 것은 순간순간 급격하게 차이가 났다. 모든 게 괜찮을 때, 이를테면 숨쉬기 연습을 '썩 잘하는' 동안에는 매우 상태가 좋았다. 홉킨스의 설명에 따르면 '숭고한 경험'을 했다.[83] 그의 정신은 여전히 온전했다. 곤란한 상황은, 홉킨스가 죽고 싶다고 말할 때였다. 그렇지만 그러한 순간은 지나가곤 했다. 이런 상황에서 홉킨스는 삶과 죽음에 대한 결정을 내릴 수 있는 걸까?

〈뉴욕타임스〉는 2013년에 이 커플에 대한 장문의 기사를 실어 이 둘이 겪는 힘겹고도 찬란하게 빛나는 순간에 대해 다뤘다.[84] 이 기사는 둘 중 한 명이 자기 몸에 갇혀 있는 상황에서 두 사람이 나누는 긴밀한 사랑에 대한 초상이었다. 온라인에서는 이 기사에 수백 건의 댓글이 달렸다.

10년 후, 내가 페기를 인터뷰했을 때 페기는 둘이 홉킨스의 침대에 누워 댓글을 하나씩 읽었다고 말했다. 서로 바싹 누워 읽고 얘기하고 그저 존재하던 그 순간은 둘이 가까이 붙어 있던 새로운 방식이었다고 했다.

페기는 "뭐, 브룩이 옴짝달싹할 수가 없으니 야릇하고 뭐고 전혀 없었죠."라고 말하며 웃었다. 하지만 페기는 그곳에 함께 있다는 사실이 중요했다고 덧붙였다. 그 덕분에 사고가 있기 전보다 훨씬 강렬한 '감정적 친밀감'을 느낄 수 있었다는 것이다.

〈뉴욕타임스〉 기사에 달린 많은 댓글은 대체로 이들에게 연민을 표하는 내용이었으나, 홉킨스가 자신의 삶을 끝내기로 혹은 그러지 않기로 선택할 것임을 어떻게 알 수 있었느냐고 묻는 댓글도 다수 있었다. 모든 댓글 중에서도 그런 내용이 눈에 띄었다. 페기는 여전히 그 댓글을 토씨 하나 틀리지 않고 정확하게 기억하고 있다. 그 댓글은 병원 침상에 나란히 누워 있던 둘 사이를 파고드는 것처럼 느껴졌다.

페기는 연구자로서 삶과 죽음을 둘러싼 여러 어려운 결정에 대해 많은 글을 썼다. 이 글들은 잔혹하고 옥죄는 듯한 현실과는 안전하게 거리를 두고 있었다. 충격적으로 비칠 수 있는 이러한 현실은, 이따금 스스로 삶을 마감하는 것이 허용되는 데 그치지 않고 윤리적 의무처럼 여겨져야 하는 게 아닌지 질문을 던진다.

페기는 중요한 군사 기밀을 쥐고 있는 군인이 포로로 잡힌 경우를 가정한 사고실험을 제시한 바 있다. 만약 이 기밀이 새어 나간다면 적군은 수천 명을 살상할 수 있다. 고문을 당하는 도중 기밀을 누설하지 않기 위해 군인이 자살하는 것은 윤리적 의무라고 볼 수 없는가? 그의 목숨은 기밀 누설로 인해 잃게 될 수천의 목숨에 비하면 값어치가 덜하다고 볼 수 있지 않겠는가? 그렇지 않은가? 이러한 유형의 딜레마는 의학적 윤리를 다루는 글에서 흔히 찾아볼 수 있다. 그렇지만 의사로서 내가 이러한 유형의 문제에 맞닥뜨린 적은 없다.

조력사에서 의사의 예외적인 역할을 제외하고는, 조력사와 자살을 둘러싼 윤리적인 문제 제기는 서로 닮아 있다. 이 둘의 핵심적인 문제는 자기 결정에 대한 것이다. 인간은 원하는 대로 행동해도 되는가? 만약 그래서는 안 된다면 그 근거는 무엇인가? 페기는 조력사의 근거로서 스스로 결정을 내린다는 자율성과 고통으로부터 벗어날 권리를 든 바 있다. 이에 반대하는 근거는 조력사가 사람을 죽이는 행위이며, 사람을 죽이는 것은 그 자체로 잘못되었다는 것이다. 조력사에 반대하는 또 다른 주장으로는 이로 인하여 의사라는 직무의 진정성이 훼손될 위험이 있다는 것이 있다. 조력사가 의사에 대한 신뢰를 저해하고 의사의 내면을 무너뜨릴 수 있다는 주장이다. 또한 조력사가 오용될 여지도 있다. 앞서 언급했다시피 불공정한 처사가 발생하지 않으리라는 법이 없다. 페기는 이러한 다양한 질문들을 연구했다.

처음으로 조력사를 합법화한 미국 오리건주와 네덜란드

에서 이러한 질문에 대한 우려를 연구한 결과, 조력사가 소위 취약한 집단을 대상으로 자주 발생하지는 않는 것으로 확인되었다. 오히려 상대적으로 유리한 지위(백인, 고학력자, 경제적 부유층, 비장애인)를 가진 사람들에게 조력사를 이용할 기회가 가장 많이 갔다. 페기는 개인에게 자신이 원하는 삶(당연한 말이지만 다른 사람에게 지대한 상해를 입히는 것을 제외한다)을 살 권리가 있어야 하며, 이는 삶에 종지부를 찍는 데도 해당한다고 결론을 지었다.

페기는 2010년에 〈의사 조력 자살을 지지하는 행위의 아이러니: 개인적인 서술〉이라는 제목의 학술 기고문을 통해 남편이 처한 상황이 자신의 이론적 추론에 어떤 영향을 미쳤는지 서술했다. 그는 일반적인 주장을 복잡한 현실에 적용하는 것은 실질적으로 어렵다고 설명했다. 기고문은 다음과 같이 마무리된다.

> 나는 브룩이 겪은 재앙적인 경험과 그가 견뎌야 하는 고통 앞에서 한없이 작아진다. 그리고 그가 여전히 살아 있다는 사실에 깊이 감사한다. 그러나 나는 또한 그에게 자신의 삶을 어떤 식으로 살 것인지 그리고 삶을 살고자 하는지를 결정할 권리가 있음을 시인한다.

사고로부터 5년이 지났을 무렵, 홉킨스는 호흡기를 비롯해 자신의 삶을 지탱해 주는 장치들을 해제하자고 부탁했다. 그는 자신에게 주어진 모든 처치를 거부할 법적 권리가 있음을 알고 있었다. 의사 한 명과 간호사 한 명, 호흡 치료사 두 명이 가능한 한 차분하게 이 과정이 이루어질 수 있도록 도왔다. 그는 가족들에게 둘러싸인 채, 침대 곁에는 페기가 함께 몸을 누인 상태로, 고요히 죽어 갔다.

우리가 줌으로 대화를 나누는 동안 페기가 있는 곳의 창을 통해 햇살이 쏟아지며 페기가 다소 흐릿하게 보였다.[85] 여전히 페기가 살고 있는 솔트레이크시티는 아침이었다. 오늘날 페기는 자신들에게 벌어진 일에 대해 뭐라고 생각할까? 그리고 페기가 수많은 세월을 할애했던 윤리적인 원칙은 어떻게 봐야 하는 걸까? 페기는 "맞아요. 조력사를 허용해야 하는지에 대한 찬반 주장은 여전히 존재하죠. 그런 상황에 처하게 됐을 때 조력사를 어떻게 봐야 할지 알기가 어렵기 때문에 그런 셈이죠."라고 말했다. 홉킨스도 페기도, 그들이 처하게 된 상황이 어떤 의미를 갖는지 미리 알 수가 없었다. 그 상황이 얼마나 좌절스러울지도, 동시에 얼마나 현저한 의미를 갖게 될지도 모두 알 수 없었다.

오늘날 페기는 자신의 삶을 지탱해 주던 장치를 종료하자던 홉킨스의 결정을 어떻게 생각할까? 이따금 그 결정이 정말로 옳았는지 자문하는지를 기준으로 본다면, 페기는 그 결정에 대해 '마음이 편하다'고 하기는 어려울 것이다. 홉킨스가 죽은 이후 그가 너무 적은 양의 진통제를 투여받은 것은 아닌지 약간은 분한 마음이 든다고 했다. 직원이 약물을 일부 빼돌린 것 같다는 것이다. 이따금 그게 어떤 차이를 만들었을지 궁금한 마음이 든다고 했다. 아마도 별 차이 없었겠지만 말이다. 하지만 그렇다고 해서 확실하게 알 수 있는 것도 아니다. 모든 것은 변하기 마련이지만 최종적인 결정을 내리는 것의 어려움은 바로 그런 부분에 있다.

페기는 자신을 따라오는 햇빛을 피할 수 있는 방향으로 약간 자세를 고쳐 앉았다. 이날 아침의 솔트레이크시티는 눈부시게 밝았다. 페기는 여전히 그 일을 생각하면 목이 콱 막힌 기분이 든다고 했다. 그러나 홉킨스와 함께 침대에 옹송그려 누워 〈뉴욕타임스〉 기사의 댓글을 읽었던 날의 이야기를 이어 나갔다. 그중 짧은 댓글 하나는 홉킨스가 결국 자신의 삶을 끝낼 것이라며, 그 이유를 이렇게 추측해 적었다. "그는 그녀를 사랑하기 때문이다."

그 댓글은 홉킨스가 실제로 삶을 끝내기 불과 몇 주 전에 작성된 것이었다.

제12장

삶의 편에 서서

✦

"저는 제 환자들이 스스로 목숨을
끊고 싶어 하는 이유를 이해할 수 있어요.
하지만 제 역할은 삶의 편에 서 있는 거죠.
바로 그 이유 때문에 환자들이 절 찾아오는 거고요."

자살 보도가 더 많은 자살로 이어지는 현상을 베르테르 효과 Werter effect 라고 한다. 요한 볼프강 폰 괴테의 소설인 《젊은 베르테르의 슬픔》에서 따온 명칭이다. 이 소설에서 불행한 주인공은 스스로 목숨을 끊는다. 이 책은 1774년에 출간된 이후 독자들이 잇따라 자살하는 현상을 불러일으켰다. 그중 일부는 베르테르처럼 차려입고 있었다. 이러한 모방 자살 사건이 기록된 바는 있으나 이 소설 때문에 유럽 전역에 자살의 물결이 일었다는 것은 허황된 얘기다.[86, 87]

베르테르 효과라는 현상의 기원이 의심스럽다고 여겨지기는 하나, 그럼에도 그 효과는 실재하는 듯하다. 유명 인사의 자살과 매체에서 이 자살을 다루는 방식을 조명한 연구를 종합적으로 살펴보면, 보도 이후 일반인들의 자살이 다소 증가하는 것으로 확인되었다.[88] 자살 방법이 보도된 경우에는 증가세가 조금 더 큰 것으로 밝혀졌다. 평범한 기사는 그러한 효과를 낳지 않았다. 많은 사람의 사랑을 받던 유명한 사람의 죽음을 상세하게 다룬 보도가 특히 문제가 되는 것으로 보인다. 하지만 당연하게도 데이터가 명명백백하지는 않다. 록밴드 너바나의 커트 코베인Kurt Cobain의 폭력적인 죽음은 몇몇 지역[89]에서 베르테르 효과를 일으킨 것으로 보이나, 어떤 지역에서는 그렇지 않은 것으로[90] 확인됐다.

이 책에서 나는 여러 자살을 구분했다. 이것도 위험할 여지가 있을까? 나는 여러 차례 나 자신에게 물어보았다. WTO는 매체에서 자살을 보도할 때 따라야 할 지침을 발표한 바 있다. 이에 따르면 유명 인사가 자살로 사망하면 매체에서 구체적인 자살 방법을 언급하지 않도록 권고하고 있다. 또한 매체는 어떻게 도움을 요청할 수 있는지에 대해서도 알려야 한다. 이 책에서는 몇몇 경우 등장인물의 익명성을 보호하기 위하여 사건이나 인터뷰 대상의 세부적인 내용을 변경했다. 당연한 말이지만 이 책을 읽는 누군가가 스스로 목숨을 끊지 않으리라 보장할 수는 없다. 위험을 높일 수 있는 정보는 회피하고자 노력했으나 가장 중요한 내용, 즉 이해를 위하여 가장 고통스러운 상황에 바짝 다가섬으로써 알 수 있는 내용은 직시하고자 했다. '자살 충동이 있는'이라는 꼬리표 뒤에 있는 사람을 살펴봄으로써 그들의 가치를 박탈하지 않고자 했다.

다시 시작하기

몇 년 전 나는 스톡홀름에서 개최한 강연에 바버라 스탠리Barbara Stanley 교수를 초대한 바 있다. 이때 그와 그의 동료들은 자살 시도 이후 단기적인 개입을 통해 새로운 자살 행동 위험을 낮출 수 있음을 보였다. 이 개입은 소위 '위기 계획 수립'이라는 것으로 구성되어 있다. 위기 계획 수립이란 잠재적인 위험 상황과 이러한 상황에서 위험을 줄이기 위해 무엇을 할 수 있는지, 이를테면 누구에게 연락을 취할 수 있는지 등을 구체적으로 적는 활동을 말한다. 위기 계획 수립 활동 이후에는 전화로 2회에 걸쳐 모니터링을 수행했다. 이렇게 사소한 개입도 효과를 내는 것으로 확인되었다.

강연이 끝난 후 나는 스탠리를 저녁 식사에 초대했다. 나는 주최자로서 스탠리를 초청하는 일 외에도 대학에서 승인한 예산 내에서 계산서가 발행되도록 할 책임도 지고 있었다. 그러나 연구자들은 대체로 절제력이 있는 편이라 예산을 초과할 걱정은 할 필요가 없었다. 우리는 저녁으로 피자를 먹었다. 미국인 입장에서는 무척이나 스웨덴다운 음식이라고 여졌을 것이다.

스탠리는 오래전부터 개인 상담 세션을 진행해 오고 있다고 말했다. 여기에는 고질적으로 자살 충동 문제를 겪고 있는 사람들이 찾아왔다. 이들은 스탠리가 연구하는 집단이기도 했다. 이중 일부는 결코 풀리지 않을 것만 같은 무척 심각한 문제를 안고 있었다.

스탠리는 강한 뉴욕 억양으로 말문을 열었다. "아시다시피, 저는 제 환자들이 스스로 목숨을 끊고 싶어 하는 이유를 이해할 수 있어요. 하지만 제 역할은 삶의 편에 서 있는 거죠. 바로 그 이유 때문에 환자들이 절 찾아오는 거고요."[91]

삶의 편에 서 있는다는 그 말이 내 머리에 콕 박혔다. 나는 자살을 바라보는 여러 사람의 관점이 왜 제각각인지, 그리고 말하자면 어떤 사람이 자살을 할 수 있어야 하는지를 두고 오랫동안 숙고해 왔다. 어째서 필립 니츠케 같은 사람들은 몇몇 '고민 많은 십 대'가 죽더라도 자유로운 선택이 더 중요하다고 믿는 반면, 나는 본능적으로 그 반대로 생각하는 걸까? 나는 유독 물질을 섭취한 후 후회하며 응급구조를 요청했는데도 구조받지 못하는 사람이 있는 상황에서, 자살로 이어질 위험한 방법을 확산하는 것이 잘못되었으며 이러한 행위가 삶의 가치를 훼손한다고 생각한다.

나는 스톡홀름에서 자살 다리로 유명한 다리 위로 자전거를 타고 달린다. 항상 확실하게, 멈춤 없이 삶을 이어 가는 친구에게로 향하는 길이다. 우리는 함께 발코니에 앉아 친구가 항상 자랑스럽게 여기는 풍경에 경탄할 것이다. 그러고는 차가운 맥주를 몇 잔 들이켜는 게 내 바람이다.

스웨덴의 어느 맑은 여름날 밤이었다. 다리 위에는 나 말고는 사람이 거의 없었다. 나는 종일 앉아서 이 원고를 썼다. 다리 한가운데를 지날 무렵 자전거 길에 정차한 구급차가 눈에 들어왔다. 젊은 여자가 다리 난간에 몸을 비스듬히 기대고 있었다. 어딘가 다친 것 같아 보이진 않았다. 응급구조사가 그 여자를 향해 몸을 굽힌 채 얘기를 나누고 있었다. 경찰차가 빠른 속도로 현장에 도착하는 게 보였다. 따스한 저녁 햇살이 다리 위에 있던 우리를 비추었다. 이제 무슨 일이 벌어지게 될지는 자명했다. 그 젊은 여자는 근처에 있는 정신과 응급실로 호송될 것이다. 여기서는 스톡홀름의 섬들과 물길을 내다볼 수 있다. 아름다운 다리다. 그리고 몇 년 전에 사람들이 뛰어내리는 것을 어렵게 만들고자 보호 펜스를 세운 곳이기도 하다. 그게 오늘 저녁 한 명의 목숨을 구했다고, 나는 생각한다.

면도칼은 고통스럽다

강은 축축하다

산酸은 얼룩이 진다

그리고 약은 경련을 일으킨다

총은 불법이며

올가미는 늘어진다

가스는 냄새가 끔찍하다

차라리 사는 게 나을 것이다

도로시 파커Dorothy Parker, 〈다시 시작하기〉Resumé(1926)

감사의 말

이 책에서 나는 아주 민감한 몇 가지 주제를 밀착해 다뤘다. 내가 글을 쓸 수 있도록 도와준 모든 분께 감사하다. 몇몇 인물은 본명을 사용하길 원치 않았으며, 어떤 사례의 경우 등장인물의 익명성을 보호하기 위하여 정황을 일부 변경했다. 이야기를 나누기로 결정해 준 내 친척들에게 감사하다. 내가 알게 된 모든 산 자와 죽은 자에게 감사하다.

이 책을 쓸 수 있게 지지를 보내 주신 발행인 케르스틴 알메고르드에게 감사하다. 덕분에 이 책이라는 배가 항구에 안착할 수 있었다. 보내 주신 모든 지원에 감사드린다. 또한 단어 변용의 귀재인 편집자 에리카 팔름퀴스트에게도 감사의 말을 전한다. 또한 알베르트 보니에르 출판사의 일원인 테레세 세데르블라드와 엔뉘 헬달 그리고 표지 작업을 해준 사라 아세도에게도 깊은 감사를 표한다.

내 첫 책을 펴낼 수 있도록 여러 면에서 도와준 오사 노르만에게도 감사하다. 당신이 아니었더라면 책이 한 권도 탄생할 수 없었을 것이다.

많은 분이 인터뷰에 참여해 주었다. 세나 파젤, 보 루네손, 외르얀 그루덴, 케빈 하인즈, 리브 티앵퐁, 필립 니츠케, 디터 비른바허, 모니카 베르호프스타트, 마크 드 헤르트, 마거릿 팹스트 배틴, 한나 쇠데르베리, 안나 린드블라드, 만네 회스트란트, 크레이그 브라이언, 마리에 달린, 프레드라그 페트로비치, 시몬 세르벤카, 루돌포 풀란, 요한 쿨베리, 게르괴 하들라츠키, 루 이, 페르 라르손, 파트릭 설리반에게도 큰 감사를 드린다.

왕립도서관, 카롤린스카 병원 도서관, 스위스 국립도서관, 스위스 통계청, 오스트리아 국립도서관에도 감사하다. 이러한 사회 기관이 존재한다는 사실이 얼마나 멋진 일인지 새삼 깨닫는다.

내 원고를 읽고 현명한 의견을 공유해 준 보 루네손, 리사 군나르손, 사라 린드스테트에게 특히 큰 빚을 졌다.

또 요바나 밀리오이치크, 올리 크라브첸코, 테레세 훌텐, 폴 리히텐슈타인, 존 밸러트, 롤란드 폴센, 망누스 린톤, 아테나 파로크자드, 예스페르 에난데르, 요세프 이숭, 크리스티나 달만, 르네 가르드네르, 울리크 사르티피, 미니 루이스, 세실리아 망누손, 호칸 칼손, 제임스 크로울리, 레오니 그로스만, 다비드 마테콜, 이시도라 스타크, 라스 야콥손, 마리아 브라예회, 율리아 보베리, 보우크 스탄네르비크, 에벨륀 안데르손 하겐, 아마데 클라인, 볼린 이바노프, 리나 마르틴손에게도 감사하다.

주

1 《새로운 민족》*Neues Volk*. 포스터. 1937년. https://encyclopedia.ushmm.org/content/en/photo/poster-promoting-the-nazi-monthly-publicationneues-volk.
2 Rossier ProfDrPH. Eine Erklärung von Prof. Rossier. *Neue Zurche Zeitung*. 1975년 1월 23일.
3 *Der Bund*. 1977년 9월 27일:6.
4 Keller D. Sie gab dem Tod die Würde. *Die Zeit*. 2022년 7월 23일.
5 https://www.openculture.com/2013/08/virginia-woolfs-handwritten-suicide-note.html.
6 The National Confidential Inquiry into Suicide and Homicide by People With Mental Illness. Årsrapport 2017: England, Nordirland, Skottland och Wales, 2017년. https://documents.manchester.ac.uk/display.aspx?DocID=37580.
7 Bjureberg J, Dahlin M, Carlborg A, Edberg H, Haglund A, Runeson B. Columbia-Suicide Severity Rating Scale Screen Version: initial screening for suicide risk in a psychiatric eme-

rgency department. *Psychol Med*. 2021년;52(16):1–9. doi:10.1017/S0033291721000751.

8 Black T. 2021년 4월 7일 발행. https://twitter.com/tyler-black32/status/1379891818301587456.

9 Gruden Ö. *Min Son Love: kärleken, sorgen och självmordet*. Visto Förlag; 2023년.

10 Fazel S, Runeson B. Suicide. Ropper AH, ed. *N Engl J Med*. 2020년;382(3):266–274. doi:10.1056/NEJMra1902944.

11 Wittgenstein L. *Notebooks, 1914–1916*. 2판., University of Chicago Press; 1984년.

12 Donaldson I. *The Rapes of Lucretia: A Myth and Its Transformations*. Clarendon Press; 1982년.

13 Livius T. Kapitel 57 – 58. *Romerska Historien*. http://cornelius.tacitus.nu/rom/livius/1g.htm.

14 Hooff AJL van. *From Autothanasia to Suicide: Self-Killing in Classical Antiquity*. Routledge; 2011년.

15 Langlands R. *Sexual Morality in Ancient Rome*. Cambridge University Press; 2006년.

16 Augustine. *Concerning the City of God against the Pagans*. Penguin Books; 2003년.

17 Burton R. *The Anatomy of Melancholy*. New York Review of Books; 2001년.

18 Aquinas T. *Summa Theologiae*. https://ethicsofsuicide.lib.utah.edu/category/author/aquinas-thomas/.

19 Ohlander AS. *Kärlek, död och frihet: historiska uppsatser om människovärde och livsvillkor i Sverige*. Norstedt; 1986년.

20 Madadin M, Al Sahwan HS, Altarouti KK, Altarouti SA, Al Eswaikt ZS, Menezes RG. The Islamic perspective on physician-assisted suicide and euthanasia. *Med Sci Law*. 2020년;60(4):278–286.doi:10.1177/0025802420934241.

21 Gamla Testamentet. *Första Samuelsboken*. 31: 4–5.

22 Vijayakumar L. Hindu religion and suicide in India. Ur Wasserman D, Wasserman C, red. *Oxford Textbook of Suicidology and Suicide Prevention*. Oxford University Press; 2021년:23–30. doi:10.1093/med/9780198834441.003.0004.

23 Promta S, Thomyangkoon P. A Buddhist perspective on suicide. Ur: Wasserman D, Wasserman C, eds. *Oxford Textbook of Suicidology and Suicide Prevention*. Oxford University Press; 2021년:31–40. doi:10.1093/med/9780198834441.003.0005.

24 Prazak M, Bacigalupi R, Adams K. Reincarnation Beliefs and Suicidality: Social, Individual and Theological Factors. *J Relig Health*. 2023년 10월 10일 온라인 발행. doi:10.1007/s10943-023-01926-0.

25 Seward J. *Hara-Kiri: Japanese Ritual Suicide*. Tuttle Publishing; 2012년.

26 Pierre JM. Culturally sanctioned suicide: Euthanasia, seppuku, and terrorist martyrdom. *World J Psychiatry*. 2015년;5(1):4–14.doi:10.5498/wjp.v5.i1.4.

27 Blaustein M, Fleming A. Suicide from the Golden Gate Bridge. *Am J Psychiatry*. 2009년;166(10):1111–1116.doi:10.1176/appi.ajp.2009.09020296.

28 Rosen DH. Suicide survivors. A follow-up study of persons who survived jumping from the Golden Gate and San Francisco-Oakland Bay Bridges. *West J Med*. 1975년;122(4):289–294.

29 Twitter/X @kanyewest 2018년 7월 27일.

30 Lester D. Those who jumped from the Twin Towers on 9/11: suicides or not? *Suicidol Online*. 2013(4)년:117–120.

31 Riley C. The dolphin who loved me: the Nasa-funded project that went wrong. *The Guardian*. 2014년 6월 8일.

32 *The Cove* [Elektronisk resurs]. NonStop Entertainment; 2009년.

33 American Veterinary Medical Foundation (AVMF). *U.S. Pet*

Ownership Statistics. https://www.avma.org/resources-tools/reports-statistics/us-pet-ownership-statistics.

34 LeDoux JE, Sorrentino C. *The Deep History of Ourselves: The Four-Billion-Year Story of How We Got Conscious Brains*. Viking; 2019년.

35 Soper CA. *The Evolution of Suicide*. Springer International Publishing; 2018년. doi:10.1007/978-3-319-77300-1.

36 Hamlyn C. Academic David Goodall turns 104 and his birthday wish is to die in peace. *ABC Net News*. 2018년 4월 3일 발행. https://www.abc.net.au/news/2018-04-04/david-goodallis-104-but-takes-no-pleasure-in-getting-older/9614344.

37 Pabst Battin M, Kious BM. Faith Goes to Switzerland. *Quillette*. 2023년 8월 7일 온라인 발행. https://quillette.com/2023/08/07/faith-goes-to-switzerland/.

38 Euthanasie van Shanti (23) werd op het nippertje uitgesteld door anonieme klacht: "Ze heeft zes weken langer moeten lijden." 2022년 10월 13일 온라인 발행.

39 Doernberg SN, Peteet JR, Kim SYH. Capacity Evaluations of Psychiatric Patients Requesting Assisted Death in the Netherlands. *Psychosomatics*. 2016;57(6):556-565. doi:10.1016/j.psym.2016년.06.005.

40 De Hert M, Loos S, Sterckx S, Thys E, Van Assche K. Impr-oving control over euthanasia of persons with psychi-atric illness: Lessons from the first Belgian criminal court case concerning euthanasia. *Front Psychiatry*. 2022년;13:933748. doi:10.3389/fpsyt.2022.933748.

41 Thienpont L, Verhofstadt M, Van Loon T, Distelmans W, Audenaert K, De Deyn PP. Euthanasia requests, procedures and outcomes for 100 Belgian patients suffering from psyc-hiatric disorders: a retrospective, descriptive study. *BMJ Open*.

2015년;5(7):e007454.doi:10.1136/bmjopen-2014-007454.
42 Thienpont L. 2022년 11월 9일 인터뷰.
43 Verhofstadt M, Audenaert K, Van Den Broeck K, et al. Belgian psychiatrists' attitudes towards, and readiness to engage in, euthanasia assessment procedures with adults with psychiatric conditions: a survey. *BMC Psychiatry*. 2020년;20(1):374. doi:10.1186/s12888-020-02775-x.
44 Verhofstadt M. 2022년 11월 9일 인터뷰.
45 Woman demands apology from Philip Nitschke for dad's death. 2019년 8월 14일 온라인 발행. https://www.news.com.au/national/western-australia/woman-demands-apology-from-philip-nitschke-for-dads-death/news-story/5fa61f822ba66415813e325f7c7a13db.
46 Wagner R, Wille E. *Fünfzehn Briefe des Meisters nebst Erinnerungen und Erläuterungen von Eliza Wille*. Schuster und Loeffler; 1908년.
47 https://www.koenigludwigbilder.at/Vanderpool.htm.
48 Deutschland. *Neue Zürcher Zeitung*. 1886년 6월 14일:2.
49 Zweig S, övers Hultenberg H, rev Bengtsson A. *Världen av igår*. Ersatz, 2011년.
50 Binion R. From Mayerling to Sarajevo. *J Mod Hist*. 1975년 6월:280-316.
51 Kreitman N. The coal gas story. United Kingdom suicide rates, 1960-71. *J Epidemiol Community Health*. 1976년;30(2):86-93. doi:10.1136/jech.30.2.86.
52 Berman AL, Athey A, Nestadt P. Effectiveness of restricting access to a suicide jump site: a test of the method substitution hypothesis. *Inj Prev*. 2022년;28(1):90-92. doi:10.1136/injuryprev-2021-044240.
53 Sjöstrand M, Eyal N. The phantasm of zero suicide. *Br J Psychiatry*. 2023년;222(6):230-233. doi:10.1192/bjp.2023.3.

54 Shorter E. The history of lithium therapy. Bipolar Disord. 2009년 6월 11일; Suppl 2:4–9.

55 Cipriani A, Hawton K, Stockton S, Geddes JR. Lithium in the prevention of suicide in mood disorders: updated systematic review and meta–analysis. BMJ. 2013년 6월. 27;346:f3646.

56 Michel K, Valach L. Suicide as goal–directed action. *Arch Suicide Res*. 1997년;3(3):213–221. doi:10.1023/A:1009633320104.

57 Arvilommi P, Valkonen J, Lindholm LH, et al. A Randomized Clinical Trial of Attempted Suicide Short Intervention Program versus Crisis Counseling in Preventing Repeat Suicide Attempts: A Two–Year Follow–Up Study. *Psychother Psychosom*. 2022년;91(3):190–199. doi:10.1159/000521072.

58 Snyder TL. *The Power to Die: Slavery and Suicide in British North America*. The University of Chicago Press; 2015년.

59 Ebba, 26, fastnade i spelmissbruk – tog sitt liv. *SVT*. 2023년 5월 10일 온라인 발행. https://www.svt.se/nyheter/lokalt/smaland/ebba–26–fastnade–i–spelmi–ssbruk–tog–sitt–liv.

60 Popper KR. *The Open Society and Its Enemies*. 7판. Routledge; 2012년.

61 Gazzaniga MS. On Determinism and Human Responsibility. Ur: Caruso GD, Flanagan O, eds. *Neuroexistentialism: Meaning, Morals, & Purpose in the Age of Neuroscience*. Oxford University Press; 2018년.

62 Deisseroth K. Optogenetics: 10 years of microbial opsins in neuroscience. *Nat Neurosci*. 2015년;18(9):1213–1225. doi:10.1038/nn.4091.

63 Andalman AS, Burns VM, Lovett–Barron M, et al. Neuronal Dynamics Regulating Brain and Behavioral State Tran–

sitions. *Cell.* 2019년;177(4):970–985.e20. doi:10.1016/j.cell.2019.02.037.

64 Sterzer P, Adams RA, Fletcher P, et al. The Predictive Coding Account of Psychosis. *Biol Psychiatry.* 2018년;84(9):634–643. doi:10.1016/j.biopsych.2018.05.015.

65 Fusar-Poli P, Estrade A, Stanghellini G, et al. The lived experience of psychosis: a bottom-up review co-written by experts by experience and academics. *World Psychiatry Off J World Psychiatr Assoc WPA.* 2022년;21(2):168–188. doi:10.1002/wps.20959.

66 Lindholm Harbrecht I. Emma, 32, räddade sina sex barn ur lågorna när deras hus började brinna. *Mama/Expressen.* 2022년 1월 14일.

67 Hill A. 'Diagnosis is rebirth': women who found out they were autistic as adults. *The Guardian.* https://www.theguardian.com/society/2021/nov/19/diagnosis-women-autism-later-life. 2021년 11월 19일 발행.

68 Olson L. When dying is a rebirth. Harvard Health. 2018년 3월 19일 발행. 2023년 10월 31일 조회. https://www.health.harvard.edu/blog/when-dying-is-a-rebirth-2018031913413.

69 Abramović M, Kaplan J. *Walk through Walls: A Memoir.* Penguin Books; 2017년.

70 Pulver A. The Bridge. *The Guardian.* 2007년 2월 16일.

71 Hines K. 2023년 7월 10일 인터뷰.

72 Bryan CJ. *Rethinking Suicide: Why Prevention Fails, and How We Can Do Better.* Oxford University Press; 2022년.

73 Fazel S, Wolf A, Larsson H, Mallett S, Fanshawe TR. The prediction of suicide in severe mental illness: development and validation of a clinical prediction rule (OxMIS). *Transl Psychiatry.* 2019년;9(1):98. doi:10.1038/s41398-019-0428-3.

74 Kessler RC, Bossarte RM, Luedtke A, Zaslavsky AM, Zubizarreta JR. Suicide prediction models: a critical review of recent research with recommendations for the way forward. *Mol Psychiatry*. 2020년;25(1):168–179. doi:10.1038/s41380-019-0531-0.

75 McCarthy JF, Cooper SA, Dent KR, et al. Evaluation of the Recovery Engagement and Coordination for Health - Veterans Enhanced Treatment Suicide Risk Modeling Clini-cal Program in the Veterans Health Administration. *JAMA Netw Open*. 2021년;4(10):e2129900. doi:10.1001/jamanetwork-open.2021.29900.

76 Docherty AR, Mullins N, Ashley-Koch AE, et al. GWAS Meta-Analysis of Suicide Attempt: Identification of 12 Genome-Wide Significant Loci and Implication of Genetic Risks for Specific Health Factors. *Am J Psychiatry*. 2023년;180(10):723–738. doi:10.1176/appi.ajp.21121266.

77 Millner AJ, Lee MD, Nock MK. Describing and Measuring the Pathway to Suicide Attempts: A Preliminary Study. *Suicide Life Threat Behav*. 2017년;47(3):353–369. doi:10.1111/sltb.12284.

78 Bryan CJ, Rozek DC, Butner J, Rudd MD. Patterns of change in suicide ideation signal the recurrence of suicide attempts among high-risk psychiatric outpatients. *Behav Res Ther*. 2019년;120:103392. doi:10.1016/j.brat.2019.04.001.

79 Wang SB, Coppersmith DDL, Kleiman EM, et al. A Pilot Study Using Frequent Inpatient Assessments of Suicidal Thinking to Predict Short-Term Postdischarge Suicidal Behavior. *JAMA Netw Open*. 2021;4(3):e210591. doi:10.1001/jamanetworkopen.2021년.0591.

80 Black Box Project. https://stopsoldiersuicide.org/Black-BoxProject.

81 Runeson BS, Beskow J, Waern M. The suicidal process in suicides among young people. *Acta Psychiatr Scand*. 1996년;93(1):35–42. doi:10.1111/j.1600-0447.1996.tb10616.x.

82 Battin MP. *The Ethics of Suicide: Historical Sources*. Oxford University Press; 2015년.

83 Battin MP. The irony of supporting physician-assisted suicide: a personal account. *Med Health Care Philos*. 2010년;13(4):403–411. doi:10.1007/s11019-010-9274-z.

84 Marantz Henig R. A Life-or-Death Situation. *New York Times*. 2013년 7월 17일.

85 Pabst Battin M. 2023년 10월 7일 인터뷰.

86 Mestas M. The 'Werther Effect' of Goethe's Werther : Anecdotal Evidence in Historical News Reports. *Health Commun*. 2023년 5월 11일 온라인 발행:1–6. doi:10.1080/10410236.2023.2211363.

87 Thorson J, Oberg PA. Was There a Suicide Epidemic After Goethe's Werther? *Arch Suicide Res*. 2003년;7(1):69–72. doi:10.1080/13811110301568.

88 Niederkrotenthaler T, Braun M, Pirkis J, et al. Association between suicide reporting in the media and suicide: systematic review and meta-analysis. *BMJ*. 2020년 3월 18일 온라인 발행:m575. doi:10.1136/bmj.m575.

89 Queinec R, Beitz C, Contrand B, et al. Research Letter: Copycat effect after celebrity suicides: results from the French national death register. *Psychol Med*. 2011년;41(3):668–671. doi:10.1017/S0033291710002011.

90 Jobes DA, Berman AL, O'Carroll PW, Eastgard S, Knickmeyer S. The Kurt Cobain suicide crisis: perspectives from research, public health, and the news media. *Suicide Life Threat Behav*. 1996년;26(3):260–269; discussion 269–271.

91 Stanley B. 2019년 6월 10일 인터뷰.